法治中国建设的动员逻辑与认同聚合

赵子尧 ■ 著

中国社会科学出版社

图书在版编目(CIP)数据

法治中国建设的动员逻辑与认同聚合/赵子尧著.—北京：中国社会科学出版社，2021.9
ISBN 978-7-5203-8979-2

Ⅰ.①法… Ⅱ.①赵… Ⅲ.①社会主义法治—建设—研究—中国 Ⅳ.①D920.0

中国版本图书馆 CIP 数据核字(2021)第 172794 号

出 版 人	赵剑英
责任编辑	郝玉明
责任校对	张爱华
责任印制	王 超

出　　版	中国社会科学出版社
社　　址	北京鼓楼西大街甲 158 号
邮　　编	100720
网　　址	http://www.csspw.cn
发 行 部	010-84083685
门 市 部	010-84029450
经　　销	新华书店及其他书店
印　　刷	北京君升印刷有限公司
装　　订	廊坊市广阳区广增装订厂
版　　次	2021 年 9 月第 1 版
印　　次	2021 年 9 月第 1 次印刷
开　　本	710×1000 1/16
印　　张	15
字　　数	202 千字
定　　价	79.00 元

凡购买中国社会科学出版社图书，如有质量问题请与本社营销中心联系调换
电话：010-84083683
版权所有　侵权必究

序 一

法治中国建设是党的十八大以来，在习近平法治思想的总领下，为了实现"两个一百年"的奋斗目标，落实国家治理体系和治理能力现代化的法治改革战略。一般认为，法治中国建设与富强、民主、文明、和谐、平安、美丽中国一样，都是实现中华民族伟大复兴这一美好愿景的核心要素。

法治中国建设的提出有着深刻的社会背景与历史动因。自1978年以来，中国在各项领域中大刀阔斧的改革一方面为我们开辟了安定繁荣的国内外环境，但是另一方面使得改革与法治在"破""立"之间造成了巨大的张力，在"法有限而事无穷"的年代，中国的法治建设事业始终在一种缺少社会根基的状态下进行。法律的生命具有稳定与适应性的双重特点，在如火如荼的改革浪潮中，法律不能一成不变，否则它就会成为改革与社会主义事业的"绊脚石"；法律又必须跟随时代的脚步，对社会改革的呼声做出及时的回应。随着改革事业逐步进入深水区，法治建设与全面深化改革之间面临着更为错综复杂的关系，价值观体系有待重建、体制机制有待重塑、社会结构和公民品格有待重组。正如习近平总书记指出的："法治领域改革有一个特点，就是很多问题都涉及法律规定。改革要于法有据，但也不能因为现行法律规定就不敢越雷池一步，那是无法推进改革的。"在这个时候，就必须要更进一步强调强有力的领导核心在法治建设中的重要意义，就必须要强调党对法治中工作的组织领导。

近十年来，有关于"法治中国建设"这一主题的研究成果已经很多，研究视野也可谓异彩纷呈。不过已有的研究通常都将"法治中国建设"视为一个"扁平化"的制度整体，比如只谈成就、经验、问题、出路、必要性、必然性等，并没有将其中的内在结构、功能、主体与价值进行细分，从而也就无法从实证角度建构法治中国建设的基本理论模型。子尧博士的这本书弥补了这一缺憾。书稿从"政治动员"与法治社会化的角度，全面系统地阐释了党的领导、法治中国建设以及法治认同各主体之间的关系，强调了具有最高权威的执政党以其强大的政治资源凝聚能力，而成为法治中国建设的动员主导者与认同对象，并指出党的领导的动员优势集中表现在意识形态、组织网络与权力结构三个方面。从"动员的内在机理""动员的主体权威""动员对象与主导者的双向互动过程""动员的基本范式""动员的认同聚合"以及"动员的激励保障"等多层级、多角度缕析了"法治中国建设"这一庞大的话语体系。

子尧博士在西南政法大学求学十年，接受了理论法学、政治学与马克思主义哲学等学科的学术训练，有较好的跨专业、跨学科背景，读书期间用力甚勤，对学术问题往往有其独到的思考，体现了一位法学学者应有的学术素养。进入云南大学工作之后，在教学工作与学生工作之余，对学术问题的探索热情并未衰减。毕业短短三年时间内，子尧就围绕"法治中国建设""政治动员"与"政治认同"等学术热点问题，在《思想战线》《甘肃社会科学》《广西社会科学》《重庆社会科学》等刊物发表最新成果，并被《中国社会科学文摘》、《高等学校文科学术文摘》、人大复印报刊资料等转载，在学术界产生了较好的反响。子尧博士也因其优异的科研成绩获得了云南省高层次人才培养支持计划。

　　子尧博士学术研究起步较早,可以说学术的道路才刚刚开始启程,在一个比较高的平台上,希望他能够"勤学苦学胜巧学,如切如磋如琢磨",让我们期待他未来更加丰富的学术硕果。

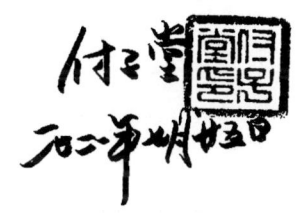

序 二

子尧的博士学位论文《法治中国建设的动员逻辑与认同聚合》，历数年损益雕琢，终于正式出版，甚感欣慰。

中国尝试现代法治，断断续续，已历百年有余。然何谓法治，如何实现法治，仍在全面探索的路上。

依发生学而论，有自发生长演化之法治，以英、美为典型；有外力强推之法治，如二战后的德、日；有建构型法治，如中国古代的"法治"和现在正在全面建设的法治。

中国古代的"法治"和我们正在全面建设的法治，虽同为建构型，但无论内涵还是目的，皆不可同日而语。中国古代的"法治"，坚持"王在法上"的原则，不以民利为目的，不以民意为基础，不过是以法为驾驭群臣、役使民众、隆盛王权的君上之器。故可谓"国家法治"或"君上法治"，以法家思想为"顶层设计"，通过强势王权来推动，便可得一时之效。

我们正在全面建设的法治，包括"法治国家""法治政府"和"法治社会"，固然要融入传统"法治"中的国家色彩，却要更多地包含现代法治的基本要素，体现以人民为中心的本质，以实现"民有、民享、民治"社会为宗旨。这种法治，既坚持以党的领导为特色，又强调党在宪法和法律范围内活动；既以法治为治国理政的基本方式，又依靠法治捍卫人民权利自由；法治既划定政府权力范围、规范政府权力行使，又保障人民民主、增进全社会民生福祉。建设这样的法治，不但要有科学的顶层设计和强势的权威推动，而且需要广泛有效的政治动员以凝聚普遍的法治认同。

实际上，20世纪中叶以来，各种动员几成常态。"文革"前不论，改革开放以来，不但改革开放及其全面深化，全面法治建设这些重大的全局性的战略举措，需要进行全方位的政治动员，就是"三讲""群众路线""三严三实""学史"等"教育活动"，也都是动员先行。任何事业，没有广泛有效的动员，便不会有既定目标的实现。然而，与之相关的学术研究，却差强人意，远不能与各种有声有色的动员实践相匹配。

子尧博士七八年前以"法治中国建设的动员逻辑与认同聚合"为博士学位论文选题，其前沿性和挑战性是不言而喻的。作者把从政治的角度研究法治建设与从法治的角度研究政治动员结合起来，进而探索将法治建设置于政治发展的大视野，将政治动员乃至一切政治运作都纳入法治的轨道。这种探索，就个体而言，似乎微不足道，但是，正如"法治建设"最终进入高层视野并被纳入国家总体战略与学界的长期坚持呐喊分不开一样，有理由相信，只要一切有真知灼见的学人坚持"己见"不断鼓与呼，将中国政治发展的所有领域纳入法治的轨道便为期不远。

宋玉波

2021年8月11日于重庆横山香樟苑云上居

目 录

绪 论 ……………………………………………………………（1）
 第一节 法治中国建设：国家治理领域的一场深刻革命………（2）
 第二节 新时代法治中国建设的动力问题 ……………………（11）
 第三节 研究法治中国建设的政治动员视角 …………………（15）
 第四节 研究意义与方法 ………………………………………（22）

第一章 法治中国建设动员的内在机理 ……………………（26）
 第一节 法治中国建设动员的命题确证 ………………………（27）
 第二节 法理型政治秩序的建构 ………………………………（32）
 第三节 法治中国建设动员的内在张力 ………………………（38）
 第四节 法治中国建设动员的理论框架 ………………………（43）

第二章 法治中国建设动员的主体权威 ……………………（48）
 第一节 灵魂：内聚性的意识形态 ……………………………（49）
 第二节 体系：富有活力的组织网络 …………………………（55）
 第三节 保证：支配性的权力结构 ……………………………（63）
 第四节 权威的力量 ……………………………………………（67）

第三章　法治中国建设动员的"主体—对象"互动 ……………（70）
第一节　动员对象的法治主体性 ………………………（72）
第二节　法治社会化中的"权利—义务"配置 …………（79）
第三节　群众路线与法治社会化 ………………………（94）

第四章　法治中国建设动员的基本范式 ………………（103）
第一节　法治宣教 ………………………………………（104）
第二节　组织控制 ………………………………………（119）
第三节　利益整合 ………………………………………（126）
第四节　新媒体与法治动员渠道扩展 …………………（133）

第五章　法治中国建设的认同聚合 ……………………（143）
第一节　执政合法性的法治建构 ………………………（144）
第二节　作为政治议题的法治建构 ……………………（155）
第三节　法治认同的意识形态建构 ……………………（164）

第六章　法治中国建设动员的激励保障 ………………（176）
第一节　"意识—机制—行动"的理论逻辑 ……………（177）
第二节　理念供给与制度激励 …………………………（187）
第三节　法治中国建设动员的社会资本 ………………（196）

结　论 ……………………………………………………（205）
第一节　从工具性法治到价值性法治 …………………（205）
第二节　从动员法治到自觉法治 ………………………（209）

参考文献 …………………………………………………（212）

后　记 ……………………………………………………（230）

绪　论

当前，中国正处于一个新的历史起点上。自党的十八大以来，中国共产党逐渐形成了"四个全面"的战略布局，确立了实现中华民族伟大复兴的中国梦目标。实际上，"四个全面"和中国梦的核心指向是实现国家与社会的全面现代化。《中共中央关于全面推进依法治国若干重大问题的决定》（以下简称"党的十八届四中全会决定"）对于法治建设与国家治理转型有一个非常明确的表述："坚持依法治国、依法执政、依法行政共同推进，坚持法治国家、法治政府、法治社会一体建设，实现科学立法、严格执法、公正司法、全民守法，促进国家治理体系和治理能力现代化。"该决定将法治作为"实现国家治理体系和治理能力现代化的必然要求"，使法治成为国家治理模式转型的一个伟大目标。

作为国家战略层面的法治，是在国家政治权力全面支配社会的状态逐渐形变以后的后"政治国家"时代、国家与社会进行重组的进程中发生的。法治能够在中国的土壤中发动和推进，一定有某些动力机制在发挥作用。在影响和推动中国法治进程的诸多因素或变量中，政治是这些机制当中最重要的一环。从政治的角度看，在关于法治的顶层设计中，"政府推进型"的模式得到了最充分的体现："即法治化运动的启动和主要动力，在最初和相当长一段时间内主要不是来自'社会'或'民间',而是来自国家上层建筑,国家和政府是法治化运动的主要领导者和推动者。"① 基于中国的法治发展历程,我们首先要承认这是一个事实判断而非价值判断。但是这种政府推进型模式暗含着法治中国建设的一个矛盾焦点:政治动员模式的"运动式管理"向依成文法律与政治规则的"法治化治理"转型(应然层面)与法治建设的政治动员思维(实然层面)之间的内在紧张关系。事实上,旨在取代政治动员方式的法治建设,恰恰是通过政治动员的方式来推动的;但在价值目标上,法治建设必须要摆脱政治动员的基调,这正是全面推进依法治国进程中亟待解决的重要难题。

针对法治中国建设的政治动员现象,可以提出的基本问题是:从政治动员的视角来看,是什么样的制度结构决定了法治建设必须采取政治动员的方式来推进?换言之,要揭示观念中的法治建设与现实中的政治动员之间的张力,以及为这种张力提供一种系统的解释。因而,问题不是为什么要对中国法治建设进行动员,而是在承认中国的法治建设采取了政治动员方式的前提下,探索这种方式之所以能够发挥作用的内在机理。

第一节 法治中国建设:国家治理领域的一场深刻革命

实现国家治理转型是我国当前面临的一个重要时代课题。在党的十八届四中全会第二次全体会议上,习近平总书记指出:"全面推进依法治国是一个系统工程,是国家治理领域一场广泛而深刻的

---

① 郭学德:《试论中国的"政府推进型"法治道路及其实践中存在的问题》,《郑州大学学报》(哲学社会科学版)2001年第1期。

革命。"① 相对于政治治理，这实际上要求脱离过去过度阶级化的治理模式，实现从革命党的"阶级"统治向执政党的"公共"治理基本范式的转型；而作为政治产物及对政治进行规范的法治，则构成了实现和维持国家治理基本要素"公共化"的主要治理方式。

一 国家治理转型的时代课题

实现国家治理转型是时代赋予我们的一个重大使命。如果我们把"全面建成小康社会"当作当前国家与民族的一个基本目标，则"全面深化改革""全面推进依法治国"及"全面从严治党"就是为达成这个基本目标所设计的实现路径。后三个"全面"都涉及重大的政治选择问题。"全面推进依法治国"所涉及的180多项改革举措本身也被纳入了"全面深化改革"任务的总台账。"全面从严治党"则是通过执政党自身的内部治理为国家治理转型奠定基础。因此，"推进国家治理体系和治理能力现代化"实际上正是围绕着政治这一核心问题展开的国家治理转型，其中，这次转型以治理体系和治理能力现代化为主要内容，以法治作为主要方式。

（一）治理转型本质上是政治转型

不无疑问的是，推进国家治理体系和治理能力现代化，实现"国家治理转型"，其中隐含的主体呈现出一个双重结构体：国家作为主体来推进治理体系和治理能力方面的现代化，构成了治理体系和治理能力现代化的表层结构；执政党推进国家治理体系和治理能力的现代化，则构成了深层结构。从内部结构来看，国家的治理体系和治理能力现代化实际上是一体的，从政治本质这一根本上揭示了国家治理转型的真正含义：推进国家治理体系和治理能力现代化，实质上是执政

---

① 《中共中央关于全面推进依法治国若干重大问题的决定》，人民出版社2014年版，第8页。

党在治国理政的重大转型,是国家治理结构的科学化和治理方式的法治化转型。

治国理政是一国政治的核心,在治国理政的目标、宗旨确定之后,其方式决定治国理政的成败。纵观整个中国的政治史,可以发现存在着"人存政举、人亡政息"的所谓"历史周期律"。自孔子提出这个问题以来,中国历代执政者虽试图跳出"历史周期律"的循环,但一直没有成功的实践。面对这一历史课题,中国共产党经过半个多世纪的艰难探索,终于找到了一条具有重大政治意义的出路:"如何跳出'历史周期律',实现长期执政?如何实现党和国家的长治久安?只有靠法治,才能为党和国家事业发展提供根本性、全局性、长期性的制度保障。"[①] 中国共产党根据中国国情进行治国理政的一个重要政治特征就是"坚持中国共产党的领导"。在政治的框架中,法治首先是在党的领导下进行的,党的领导是中国特色社会主义最本质的特征,是社会主义法治最根本的保证。将学习贯彻法治当作一个时期全党全国的重大政治任务,也深刻体现了推进国家治理体系和治理能力现代化的政治性质。

(二) 治理转型的主要内容是治理体系和治理能力现代化

当前的国家治理转型在内容上主要是实现国家治理体系与治理能力现代化。这里涉及两个问题,一个是国家治理体系现代化与国家治理能力各自的内涵,另一个是两者之间的内在关系。尽管国家治理体系与治理能力的"现代化"到底包含着哪些要素一直存在着争议,但"现代化"这一表述中寄托着人们对于一种更加美好、更加合理的政治治理模式与结果的期待。"国家治理体系是在党领导下管理国家的制度体系,是一整套紧密相连、相互协调的国家制度;国家治理

[①] 中共中央宣传部编:《法治热点面对面:理论热点面对面2015》,学习出版社、人民出版社2015年版,第4—5页。

能力则是运用国家制度管理社会各方面事务的能力。"① 从静态逻辑关系上看，国家治理能力现代化能否实现，首先要取决于国家治理体系的现代化是否能够实现，治理能力现代化的基础仍然在于治理体系现代化。从结果设定上看，实现治理能力的现代化，对于静态治理体系得以有效运转有着重大的助推作用。所以，治理体系与治理能力是一种辩证关系，"现代化"则构成了两者共同的目标指向。

（三）法治是治理转型的主要方式

法治不仅是一个理论问题，更是民主政治实践的重要组成部分。自从党的十五大首次提出"依法治国，建设社会主义法治国家"以来，法治即深刻地影响着我国的政治实践，特别是党的十八大更是明确将法治作为党治国理政的基本方式。"全面推进依法治国，意味着我国经济建设、政治建设、文化建设、社会建设、生态文明建设的各个方面应该由法律调整的都要实现法治化，都要依法治理，法治将成为执政党、国家机关、社会团体和广大公民的共同行为准则，并使我国真正实现从传统人治向现代法治社会的转变，推进国家治理体系和治理能力现代化。"② 作为"四个全面"之一的法治，不但从最初由执政党来承认和表达的理念转变为实践，而且被上升到国家治理的战略高度。

在国家治理转型的背景下，"全面推进依法治国"被赋予了以下功能：首先，在整个国家的范围内，法律是确保社会各领域全面实现法治化的重要规范手段；其次，法律面前人人平等原则得到全面贯彻，包括执政党在内的所有社会主体都将法治作为共同认可和遵守的

---

① 中共中央宣传部编：《习近平总书记系列重要讲话读本（2016年版）》，人民出版社2016年版，第73页。

② 《党的十八届四中全会〈决定〉学习辅导百问》，学习出版社、党建读物出版社2014年版，第27页。

行为准则；再次，社会治理形态发生彻底改变，社会在整体上实现从人治社会向法治社会的转变；最后，国家治理的转型以法治化为基本途径和目标，最终在治理体系和治理能力两个层次上实现现代化。

总而言之，作为保障手段的法治获得实质性的地位，国家治理得以在法治的轨道上运行，法治构成执政党治国理政的基本方式。

二　从阶级政治到公共政治

在这场国家治理体系和治理能力现代化的政治转型中，国家治理模式的转型与执政党政治角色转变有着极为密切的关系。通常，就统治与被统治的关系而言，政治的核心含义不会发生本质性的改变，但在不同的场域中，作为核心政治主体的执政党对于政治侧重点的关注始终表现出随着情势而变化的特点。根据是否建立全国性的政权进行区分，在中华人民共和国成立以前，中国共产党的主要身份是以夺取政权为目标的革命党，而在中华人民共和国成立以后，共产党则转型为以治理国家为目标的执政党。基于这两种不同的法理身份，政党政治所采取的治理理念与方式是不一样的：革命时期的政治主要是斗争性的阶级政治；执政时期的政治则主要是以法治方式落实社会主义民主的公共政治。

（一）革命党的阶级政治

中国传统政治在很大程度上是世袭的王朝政治。孙中山领导建立的中华民国，从根本的制度意义上颠覆了"以天下为一家，以中国为一人"（《礼记·礼运》）的王朝"家"天下模式。中国共产党在近代历史的舞台上能够取代中国国民党而成为现代民族国家建设的主角，很大程度上是因为共产党能够在把握政治"公共"性的同时，也能在很长一段时间内重视政治的"阶级斗争"性质。在革命的年代，阶级政治是确保获取并巩固政权合法性的必要条件。这既与共产党所接受的苏俄式政治理论、移植苏俄式政治模式有直接关系，亦有其生存处境所提供的客观环境。"马克思主义政治立场，首先就是阶级立场，进行阶级分析"，作为阶级政治的识别标识，身份地位、财产、资源占有、相近的价值观和地位、利益一致①，不但支配着革命党在中华人民共和国成立前那段时期基于革命党身份对于政治以及现代民族国家建设的理解，而且还被延伸至转变为执政党身份后的新中国建设时期。就前者而言，阶级斗争具有获取政权、树立权威的正当性，但是这种正当性延续到中华人民共和国成立之后，以"阶级斗争为纲"的阶级政治开始出现巨大偏差，给党和国家造成了巨大的灾难。正是在这种"惯性"思维的影响下，中国共产党在对国家与社会的改造过程中，形成了一种延用，甚至在一定程度上强化革命党的价值、思维、组织、体制和行动逻辑的政治模式，集中体现为密切相关的四个特征：革命化的政治状态、理想性的政治价值、全能型的政治结构和动员式的政治治理。② 作为行动逻辑的动员式政治治理，实际上需要前三者作为思想和组织基础才能够真正地发挥作用；反之，在这样的思想和组织结构体系中，政治治理在行动逻辑上也必然是动员式的。

（二）执政党的公共政治

中华人民共和国成立后，夺取政权的任务已经完成，伴随着政权的逐步巩固，中国共产党的生存压力基本消失，治国理政成为党的首要任务。治国理政要求政党与国家主要行使公共职能，实现从革命党向执政党的角色转变。从社会的角度来看，革命化的政治状态属于异

---

① 参见张静《阶级政治与单位政治——城市社会的利益组织化结构和社会参与》，《开放时代》2003年第2期。
② 参见上官酒瑞、程竹汝《革命党领导下的中国政治特征及其效应》，《中共浙江省委党校学报》2012年第1期。

质性因素，会使社会长期处于不稳定状态，而在执政党主导的国家建设时期，应当从以"阶级斗争为纲"的革命化政治生态转变到以公共治理为手段，以促进人民福祉为中心的社会主义现代化建设中来。在理性的政治价值被日常的生活价值填充后，政治的思想、组织结构和政治治理的行动逻辑也需要进行相应的转化。因此，执政党在政治侧重点上进行重新选择，表现在政治职能上的变化，是斗争性政治手段的弱化，以及共识性的公共治理职能的强化。"治理的主体、方式、目标构成了治理的基本要素。要实现从传统的国家管理向现代化治理的转型，必须而且只能依靠治理各个要素的'公共化'，塑造其公共性。"① 与这种新的治理理念相适应，革命党的动员式国家治理模式也需要进行相应的转换。而随着作为公共场域的政治的兴起，政治生态所发生的变化也会促进政治治理行动逻辑由运动式管理模式向法治化治理模式转向。

三 从运动式管理到法治化治理

与政党角色从革命党到执政党转变要求相应的是，无论在国家还是在社会层面，要建设法治国家，特别是要实现法治政府、法治国家与法治社会的一体化建设，都需要在国家与社会层面实现从运动式管理到法治化治理的转变。

（一）基于政治动员的运动式管理

自诞生时起，中国共产党就是以夺取政权为目标的革命政党身份存在的。这种特定身份和角色以及生存竞争的压力等决定着国家的运作方式以运动式管理为主。在中华人民共和国成立之后很长一段时间内，党对国家和社会的日常管控延续了革命时代的运动式理念，开展

---

① 宋玉波、陈仲：《公共性：国家治理现代化的根基》，《西南政法大学学报》2015年第4期。

大大小小的运动，以期实现特定目标或应对突发状况。经过反复的实践和强化，这种运动式管理方式所形成的模式获得了相对固定的形态："治理客体的出现——成立专项治理领导小组——制定实施方案——召开动员大会——实施治理——检查反馈——回头看——总结评估八个环节。"① 随着社会发展所带来的复杂化，治理"客体"体现出逐渐增多的趋势，与此相对应的，就是八个环节在第一个起点环节的带动发生连锁反应，从而带动运动式管理模式的运转。

运动式管理八个环节的运作过程，政治动员是启动环节，也是关键环节。最重要的环节是发挥政治动员的作用，利用宣传口号统一思想，强力推动运动式治理的开展。意识形态在运动式管理模式上扮演着重要的角色，若运动式管理模式能够在国家与社会治理中有效发挥作用，那么，完全掌握和控制意识形态国家机器的政治组织必然在国家与社会中处于一种政治上的全面支配地位，否则运动式管理就会缺乏必要的前提条件。另外，运动式管理模式能够持续有效地发挥作用，必然也与国家实质上是一个权治国家有着密切的关系。权治国家并不是最终以道德作为社会的主要价值标准，而是以道德作为社会的主要行为标准和判断根据。"通过运动式治理，可以尽快恢复因各类违法违规行为造成的社会秩序和公众心理秩序的破坏，增加社会安全感。对于政府来说，运动式治理方式往往比制度化治理方式更为熟练和显效。"② 然而，也正是由于这个原因，如果缺乏更为有效的制约与激励机制，执政党和政府采取制度化治理方式的动力不足，只会进一步刺激和强化其选择使用运动式管理

---

① 冯志峰：《中国政治发展：从运动中的民主到民主中的运动——一项对建国以来110次运动式治理的研究报告》，《甘肃理论学刊》2010年第1期。

② 冯志峰：《中国政治发展：从运动中的民主到民主中的运动——一项对建国以来110次运动式治理的研究报告》，《甘肃理论学刊》2010年第1期。

方式解决社会问题的倾向，这必然对法治这一制度化治理模式的实施产生更大的阻碍。

(二) 基于政治逻辑转变的法治化治理

现代意义上的治理理论是在运动式管理模式难以为继的情形下被提出来的。因此，政治逻辑转变的一个潜台词是要在运动式的治理前进行法治化治理。"治理理论是为了弥补市场和国家的缺陷而提出来的，但治理不具有国家合法的强制力，也不具有市场机制自发的调节功能。"① 治理所面临的这两个问题，即合法性问题与动力机制问题，均是通过政治来予以应对的：首先，中国共产党在政治身份上具有先在的合法性，因而，其自身或通过政府所推动的治理（无论是运动式管理，还是法治化治理）在法律上遇到的合法性障碍会因其身份、"业绩"而减弱；其次，治理虽然在功能机制上欠缺市场的自发调节性，但可以通过政治的主动调节来予以弥补，而且显然治理并不缺乏经济上的动力。然而，法治化治理给运动式治理提出了重大的合法性挑战：治理的合法性问题并不会随着治理主体的政治合法性身份消失，并且政治在多大程度上可以持续地充当治理的动力机制也是不确定的。

法治化治理本身内含了合法性要求，这种合法性要求主要不在于实施治理者身份的合法性，而是治理方式的法治化。显然，治理者身份的合法性不能抵消治理方式的合法性。同时，中国社会所经历的急剧转型，使得政府的管理任务并未减轻反而加重了。200 年前托克维尔所意识到的"行政国家"的扩张趋势，在中国 30 多年的改革开放中以短时间，更为集中的方式得到了应验，这也就意味着，国家的治理任务即便可以通过分散化而将其中的一部分转移到社会中去，但治

---

① 董少平：《乡村治安治理中的组织与权力——湖北省江汉派出所案例研究》，博士学位论文，华中师范大学，2014 年。

理事务并不一定会实质性地减少。"所以，尽管国家在一系列的改革步骤中，逐步将进行社会治理和控制的权力下放，但由于新生问题的大量涌现，国家的管理任务并未随之减轻。同时，国家对资源的掌握和控制能力也并未大幅度减弱。发生变化的只是控制的方式由直接变为间接，由显著的制度安排变成了微妙的实践逻辑。"① 从运动式管理向法治化治理的转变，诚然是一种控制方式层面的转变，但由于这种转变背后隐含着对治理主体、治理程序、治理结果评估等多个层面的普遍合法化要求，因而，尽管其背后的政治支配力不一定发生变化，但政治的发生和运转逻辑却肯定要发生变化。基于政治动员的运动式管理仍然是我国当前国家治理的一种极为重要的方式，政治动员依然在法治化治理转型的过程中发挥着重大作用。这无疑表明法治中国建设在根本上具有的政治品质，以及法治发展动力与政治间存在的本质性关联，将会透过法治中国建设政治动员这一现象得到清晰的反映。

第二节 新时代法治中国建设的动力问题

法治中国建设所取得的进步，很大程度上来自从"法制"到"法治"这一观念上的进步。② 关于法治之于政治文明的意义，学术界从来不吝给予溢美之词。然而，对于中国法治的动力机制问题，特别是对政治动员内在机理的描述，学术界却又显得格外"吝啬"。其实，无论是理解中国的政治还是法治，法治中国建设的政治动员都是一个重要的切入点。为解释这一选题的学术价值，有必要首先从学术

---

① 吴开松：《当代中国危机动员研究》，博士学位论文，华中师范大学，2006年。
② "依法治国，建设社会主义法治国家"是党与国家关于法治的最核心的表达，这个表述明确了法治之于国家建构的目标意义和价值。

上梳理法治中国建设动力问题的研究状况,继而进一步提炼问题,分析关于中国法治建设的政治动力研究概况,并特别关注从政治动员的视角来考察法治中国建设所面临的困境,从而确定这项研究所可能具有的学理价值。

如果我们将改革开放以来中国的法治发展看作在"当代"中国发生的,而所谓的"法制现代化""当代中国第二次法律革命"等表述其实指代的就是通常所谓的"法治",那么,关于当代中国法治的动力问题,学术界的研究在内容上大体可以区分为五种类型。

一 动力来源

从动力的来源角度看,20世纪90年代末期的主流认识,是将当代中国法治现代化的动力体系主要归结为"经济+政治+文化(思想或意识)",例如"市场经济+民主政治+法治精神"[1] 或"社会主义市场经济+社会主义民主政治+法律意识形态"[2],当然也有更进一步的划分,例如"市场化+政治体制改革+思想文化(实事求是的思想路线+法律意识+法律文化)"[3]。然而,这个异常宏大的分析框架因其内容的空洞失去了对现实的解释力。另外一种专从"政治"角度所提出的动力来源理论,把当代中国法律发展的政治动力具体分为政治传统、政治文化、政治改革和政治民主四个要素。[4] 相对于"政治经济文化"的宏阔理论框架,这种"政治"框架明显更具有针对性,但其解释力依然是有限的。

---

[1] 刘旺洪:《社会管理创新与社会治理的法治化》,《法学》2011年第10期。
[2] 夏锦文:《当代中国法律革命的动力》,《法学评论》2001年第2期。
[3] 王锡锌:《公众参与和中国法治变革的动力模式》,《法学家》2008年第6期。
[4] 参见李婧《中国特色社会主义法律体系发展动力探究》,《社会科学战线》2016年第12期。

二 动力主体

从推动法治中国建设的主体来看，主要观点可以归结为"政府（执政党）主导＋其他主体参与"，如"政府主导＋公众参与"①，"官方＋民间＋职业或执政党＋群众维权活动＋公民社会的发展"②。对此，学术界的基本共识是：中国法治是"政府（执政党）主导型"，如有的学者认为中国法治的主要动力是中国共产党的权威③，但这种形式的动力只是一种临时状态，最终应该走官方主导下的多元主体参与互动的道路。

三 动力输出模式

法治动力的输出模式即动力运转方向或方式问题，实际上可以看作是从动力主体中派生出来的次级问题。对此问题的认识，主要有自上而下的"政府推进"模式、自下而上的"社会演进"模式（本土资源论），以及"自上而下＋自下而上式的混合动力"模式三种。④ 其中，从实然的角度看，自上而下的"政府推进"模式更多是对中国法治启动方式的描述，而从应然的角度看，自上而下与自下而上相结合则是为多数学者所认可的实践模式。

---

① 杨炼：《论依法治国动力机制的嬗变》，《长白学刊》2015年第1期；梁清海：《论依法治国与以德治国相结合的政府推进型法治建设》，《中国司法》2015年第9期。

② 郭道晖：《中国法治发展的历程与社会动力——纪念82宪法颁布30周年》，《河北法学》2012年第8期。

③ 基本的理由是五个必然选择：即回应外部世界严峻挑战的必然选择；加快法制变革步伐；发挥本土政治资源优势；正视中华民族历史积淀；解决市民社会动力缺失等。参见公丕祥《当代中国区域法治发展的动力机理——纪念中国改革开放四十周年》，《江苏社会科学》2018年第4期。

④ 参见王锡锌《公众参与和中国法治变革的动力模式》，《法学家》2008年第6期。

四 动力机制

相对于法治动力来源领域、动力主体与输出模式这几种视角,从中国法治的动力机制或制度视角展开的研究具有更为明确的"实践"特征。例如,有学者从政府之间的法治制度竞争出发,讨论了地方法治实验的动力机制问题,并根据主体的差异提出在改革实践中应坚持养育公民、激活社会与重塑政府的制度方向。① 有学者针对法治实践学派(以钱弘道为代表)和法民关系论(以凌斌为代表),从制度变革的角度提出了以政府为约束对象的统摄性理论,并为法治动力机制设置了次级机制群:"法治动力机制是指激励或迫使各级政府建设法治的外在制度硬约束。我国法治的改革型法治、转型法治和政府推进型法治三大特征,决定了法治动力机制应由政府目标函数、政府绩效考核机制、领导干部政绩考核机制、政府问责机制和公民参与机制等机制构成。"②

五 动力系统

目前我们能够见到的最为完整的动力体系,是由四大子系统构成的中国特色社会主义法治理论发展的法治实践动力系统,"法治实践主体系统(中国共产党+中国政府+社会组织+法治工作队伍+人民群众)+法治实践活动系统(立法+执法+司法+法律监督)+法治实践环境系统[外部环境(经济建设+政治建设+文化建设+社会建设+生态文明)+内部环境(法治风尚+法治习惯+法治氛围)]+法治实践资源系统(法治经验+法学理论+法学教育+法治

---

① 参见周尚君《地方法治实验的动力机制与制度前景》,《中国法学》2014年第2期。
② 欧阳景根:《作为制度变革的法治建设模式:一种统摄性法治理论的建构》,《政治学研究》2015年第4期。

宣传)"，四大子系统的合力是理论发展的动力。① 虽然理论设计者将该系统看作中国特色社会主义法治理论发展的法治实践动力系统，但从子系统的内容来看，这个综合性的系统实际上是将前述的动力来源领域、动力主体、动力方向或方式、动力机制或制度全部涵括在内的，几乎是一个无所不包的法治"系统"。

综合来看，在关于当代中国法治的动力问题研究中，政治动力虽然被纳入法治动力来源领域，但对于法治建设政治动力问题的理论探讨既不广泛也不深入，对于动力模式的研究也比较薄弱，而对当代中国法治在启动及推进过程中采取的、与政治密切相关的自上而下模式的内在机理似乎还没有予以更多关注。

第三节 研究法治中国建设的政治动员视角

在法治中国建设的动力来源中，政治实际上占有特别重要的地位。而在启动和推进中国法治建设的过程中，体现法治动力方向或方式的政治动员在客观上又确实是一种运动式管理。对于这个现象，学术界又表现出什么样的态度呢？在进入这一问题之前，让我们先来看一下法治是否进入了"政治动员"的视野。

一 政治动员的概念类型与研究概况

（一）政治动员的概念类型

法治中国建设的政治动员现象的关键词是"法治"与"政治动员"。经过20年的意识形态建设，法治已经成为公众常识，所以，重点应该首先考察"政治动员"。政治动员这一概念的核心在于"动

---

① 参见龚廷泰《论中国特色社会主义法治理论发展的法治实践动力系统》，《法制与社会发展》2015年第5期。

员",政治动员不过是动员的一种类型。类型实际上就是分类,分类具有区分的功能,不过分类不能简单化,简单的分类在认识上虽然具有明晰性,但容易掩盖一些真正的问题。尽管如此,对概念进行类型分析还是必要的。动员的概念,在类型上主要可以进行如下划分①:

表1　　　　　　　　　动员的类型及其包含的概念

类　别	包含的概念
政府的军事行动	动员、战争动员、军事动员、经济动员
组织管理方式	动员、政治动员、社会动员、运动、群众运动、政治运动
社会发展状况	社会动员
社会现象	运动、群众运动、政治运动、社会运动

"动员"本是军事术语,用在不同的语境中,可以指称不同的事物。同样,同一个"政治动员"概念,亦可以从不同的角度指称不同类型的事物。关于政治动员的定义可谓五花八门②,不过,与其给政治动员下一个定义,不如列出政治动员概念所包含的核心特征,从而为判断政治动员提供参考。例如,有学者将政治动员区分为"意识形态的宣传劝导""人际联系网络的构建""特定指向的集体行动"三个要素。其中"特定指向的集体行动"分为"民众大规

---

① 参见李勇军《政治动员的形成机制与范式之比较研究》,《武汉理工大学学报》(社会科学版)2016年第4期。

② 如,有的从政治过程来理解政治动员,认为"政治动员是获取资源来为政治权威服务的过程"([美]詹姆斯·R.汤森、布兰特利·沃马克:《中国政治》,顾速、董方译,江苏人民出版社2004年版,第102页);有的将政治动员理解为政治活动,"所谓政治动员,简单说就是执政党或政府利用拥有的政治资源,动员社会力量实现经济、政治和社会发展目标的政治活动"(林尚立:《当代中国政治形态研究》,天津人民出版社2000年版,第271页)。

模、协同式的群体状态,即群众运动和分散化的共同参与"两种形式。① 三要素说实际上与某种社会资本结构学说有一定的关系,但这种学说更倾向于将政治动员看作微观结构,隐没了政治主体、权力结构与组织网络,并把政治议题的建构方式局限于"意识形态的宣传劝导"。从分析有效性上来看,一个过于微观的分析结构是无法解释和分析宏观视野的。所以,在此将政治动员概念的核心内容分为四个要素:一是必须是政府与执政党发动的;二是其目的或目标必须具有政治意义;三是政治动员主要依靠国家(执政党)的宣传机器和各种意识形态国家机器;四是政治动员本身是一种管理方式。由于执政党与国家进行政治动员需要借助政权自身的组织系统与权力结构,并且无论在具体的动员方式上有何差异,都要利用意识形态,因此,政治动员本质上是一个包含了思想动员与组织动员内容的概念。

如果我们关注的焦点是法治建设的政治动员,那么,对于"政治动员"的理解就要重点放在"组织管理方式"的层面:"(1)组织权力集中,纪律严明,内聚性强,在管理层级上更契合扁平化的组织结构;(2)存在一个意识形态,为组织和社会提供一个宏大目标及行动策略;(3)依赖于一个克里斯玛权威;(4)在组织管理上主要是诉诸激发超常的政治热情或制造一种高压氛围,常常突破规则,造成过程和结果的不确定性;(5)组织管理的目标单一,效率高。"② 从政治动员的特征来看,政治动员与现代民主法治结构似乎不甚契合,特别是其对法律规则的突破所带来的程序功能性破坏,显得与现代民

---

① 参见戴超、李永刚《女性解放与政治解放的互动——以土地革命时期的农村妇女动员为例》,《中国井冈山干部学院学报》2013年第4期。

② 罗佳:《话语权力与情感密码:网络政治动员的意识形态审思》,《理论与改革》2019年第5期。

主法治的理想格格不入。因此，有时政治动员就被追溯到传统的家长制和官僚制。

（二）我国政治动员研究概况

关于政治动员的研究，可以从政治动员的一般理论、动员主导者、动员对象①、动员内容、动员发生的时段、动员媒介等方面进行考察。我国目前关于政治动员的研究，在一般理论问题上，主要涉及政治动员的概念、要素、功能、类型、效果、认同、信任、合法性等问题；在动员主导上，主要涉及政党（共产党、国民党、民进党）、政府、马克思主义者、妇联、报人、职工学校等，其中，中国共产党的动员问题是研究的主流；关于政治动员发生的时期，涉及辛亥革命时期、苏维埃革命时期、抗日战争时期（延安时期）、民主革命时期、中华人民共和国成立初期、合作化时期、"大跃进"时期、"文化大革命"时期、改革开放以来、社会转型期（当代）等；在动员内容上，涉及"大生产"、民主革命、土地改革、粮食统购统销、抗美援朝、爱国公约、社会教育、忆苦思甜运动、阶级、意识形态、政策动员、精神文明、企业、农村（含新农村建设）、城市（含城市接管、社区）、法治（含司法、信访）、突发事件与公共危机（如自然灾害）、网络等；在动员对象上，涉及一般大众、妇女、农民（村民）、工人；在动员媒介上，涉及总体意义上的大众传媒、报纸（如《人民日报》《群众》周刊）、年画、戏剧、民歌、快板、座谈、宣传画册、书籍、标语口号、互联网络等。

---

① 在关于政治动员的政治学研究中，多数学者用动员客体来表示动员对象。无论是动员客体还是动员对象，实际上指的都是人，并且都是相对于动员主导者而言的，在此意义上两者似乎没有什么区别。不过，动员客体这一概念似乎预设了被动性，贬低了其主观意志特别是对于政治动员主导者的认同作用，也与现实中的反向动员不符，因此，用动员对象来指称似乎更合适一些。

二 从政治动员视角展开的法治研究概况

研究成果是反映学术界对某一问题的关注度、研究广度与深度的基本指标。通过对政治动员研究的粗略学术梳理，我们发现，利用政治动员理论对当代中国的法治建设进行研究的学术成果似乎很少见。因此，可以做出一个初步判断，在某种意义上，法治还没有进入政治动员的研究视野，是一个未被政治动员研究重点关注的领域。为了证实这种判断，通过 CNKI 平台进行交叉搜索，查询搜索结果并进行实质审查，我们就可以确定上述结论是否能够成立。

（一）法治与政治动员研究文献梳理

从 CNKI 平台上分别以"法治"（"法制"）、"依法治国"、"政治动员"、"政策动员"为词频，在"主题""篇名""关键词"项下进行交叉检索，检索结果统计如下：

表2　关于法治（法制）与政治动员交叉研究文献搜索统计
（1979—2019 年）　　　　　　　　　　　单位：篇

检索结果数与 有效结果数 检索标准	法治（法制）+ 政治动员	法治（法制）+ 政策动员	依法治国+ 政治动员	依法治国+ 政策动员
主　题	52	0	14	0
篇　名	1	0	0	0
关键词	3	0	3	0

以"法治"（"法制"）与"政治动员"为检索词，检索"主题"项，结果为 52；检索"篇名"项，结果为 1[①]；检索"关键词"项，

[①] 参见张晓磊《突发事件应对、政治动员与行政应急法治》，《中国行政管理》2008 年第 7 期。

结果为 3。① 以"法治"("法制")与"政策动员"为词频,检索"主题"项、"篇名"项、"关键词"项,统计结果均为 0。以"依法治国"与"政治动员"为词频,检索"主题"项,结果为 14;检索"篇名"项,结果为 0;检索"关键词"项,结果为 3。② 以"依法治国"与"政策动员"为词频,检索"主题"项、"篇名"项、"关键词"项,统计结果均为 0。

经对上述以"法治"("法制")"依法治国""政治动员""政策动员"为检索词、根据"主题""篇名""关键词"检索所得的大概 60 篇文章(52+1+3+14+3,其中部分文章重复)进行实质审读,并根据"政治动员"与"法治""信访""宪法""法治政府"等的相关性,得出进一步的统计结果如下:

表3　　　　政治动员与法治相关概念研究文献统计　　　　单位:篇

性质\内容	法治	信访	宪法	法治政府	其他	合计
博士学位论文	0	2	1	1	1	5
硕士学位论文	3	1	1	0	3	8
期刊文章	14	0	3	2	9	28
合　计	17	3	5	3	13	41

从上述文章涉及法治建设政治动员问题的具体内容来看,与政治动员

---

① 参见侯晓光《村民自治研究——基于清末民国时期与改革开放时期的比较》,博士学位论文,中国政法大学,2014 年;黄东东《三峡库区开发性移民与工程性非自愿移民法的构建思路》,《重庆社会科学》2008 年第 3 期;杜宴林、马亮亮《法治模式中"合作社"的文化动员》,《当代法学》2007 年第 4 期。

② 参见龙太江《从"对社会动员"到"由社会动员"——危机管理中的动员问题》,《政治与法律》2005 年第 2 期;龙太江《从动员模式到依法治国:共产党执政方式转变的一个视角》,《探索》2003 年第 4 期;李建兴《治理视阈下中国共产党政治动员的优化》,《南华大学学报》(社会科学版)2011 年第 5 期。

效果问题相关的文章只有 1 篇①，该文的一大特色是采取了定量研究的方法；从治理方式层面涉及该问题的文章有 2 篇②；涉及政治动员对象层面问题的文章有 2 篇③；涉及合法性、意识形态等政治动员目标或基础问题的文章有 4 篇；但无一篇文章对政治动员主导者的具体类型有所涉及。另外，有学者从立法角度提出了政治动员法制化的问题："目前，我国涉及政治动员的法律法规仅体现在宪法、国防法及《破坏性地震应急条例》《突发公共卫生事件应急条例》等法律法规中，而且相关规定既不全面也不统一，至于对民间组织、公民个人参与动员的规定基本处于相对空白状况，与实现法制化的要求还有很大的差距。"④ 政治动员的法制化与中国法治建设的政治动员论题有重要的关切度，因为该研究目的并非为政治动员的法治化提供立法建议，而是试图解释法治中国建设政治动员现象背后的机理。

（二）尚未展开的法治建设政治动员研究

总的来看，法治问题在政治动员研究中所占比例很小，而专门从政治动员视角来分析法治问题的研究还没有出现；从研究者的学术背景来看，政治学领域的学者占了多数，法学领域的学者对法治建设政治动员问题研究的极少；从与法治中国建设政治动员问题的相关度来看，个别文章虽然对上述问题的某个侧面有所涉及，但对法治建设政

---

① 参见王志远《法治与政治稳定——中国经验的定量分析：1996—2010》，《法制与社会发展》2013 年第 2 期。

② 参见龙太江《从动员模式到依法治国：共产党执政方式转变的一个视角》，《探索》2003 年第 4 期；李丹《从"运动政治"到"法治政治"——新中国成立后我国政治体制转型的路径分析》，《人民论坛》2011 年第 9 期（中）。

③ 参见侯晓光《村民自治研究——基于清末民国时期与改革开放时期的比较》，博士学位论文，中国政法大学，2014 年；张义纯《法治视角下村民政治冷漠原因探析》，硕士学位论文，陕西师范大学，2007 年。

④ 李建兴：《治理视阈下中国共产党政治动员的优化》，《南华大学学报》（社会科学版）2011 年第 5 期。

治动员这一问题本身几乎没有关注。因此，根据上述学术梳理的结果，我们确实可以做出下述判断：对于法治建设政治动员问题，学术界缺乏政治动员视角的关注，即使偶有涉及也是零散的研究，缺乏系统性，挖掘深度亦不够，在某种意义上，法治建设政治动员似乎还处在学术的盲区，遑论系统的研究。① 事实上，"政治动员涉及现代社会集体行动这一难题，呈现的是个人理性与集体理性、国家对公民行为的管理边界、公共治理的宪法维度、政治现代化与传统政治社会结构的冲突等诸多两难问题"②。从政治动员的角度来研究当代中国的法治建设，更能将政治动员所呈现的诸多两难问题凸显出来。

第四节　研究意义与方法

法治中国建设的政治动员问题，是一个具有重要理论意义与实践意义，需要综合运用多种学科知识进行跨学科研究的重要议题。

一　研究意义

根据当前中国国家治理从运动式管理向法治化治理转型这一政治背景，针对法治中国建设的政治动员这一具有学术与现实、法治与政治意义的现象展开研究，深入探究法治发生、推进的政治动力的内在机理，从而透视中国当前的法治进程及其背后的政治意蕴，从选题上来说具有新颖性和理论挑战性。

研究法治中国建设的政治动员现象，具有重要的理论意义。对于当前中国的法治与政治的关系问题，每个人都有自己的切身感受，而

---

① 参见孙远东《政治动员与政策过程》，博士学位论文，苏州大学，2008年。
② 李里峰：《中国革命中的乡村动员：一项政治史的考察》，《江苏社会科学》2015年第3期。

根据国家公共治理转型这一背景来具体分析法治中国建设的政治动员现象，并且进行系统的理论表达，可以从中窥见和把握这个时代变革的律动。透过法治建设政治动员这一点，法治与政治在中国法治推进过程中的微妙关系，其所隐含的一些内在问题甚至悖论现象，都可以得到一定程度的揭示和解释。研究法治中国建设的政治动员现象，就是要通过政治动员这一政治的侧面，来描绘和展示法治中国建设背后的政治动力，并分析其内在结构和类型样态，从而在政治动员的理论结构中，为把握我国的法治问题提供一个系统的理论框架，作出一定的理论贡献。

研究法治中国建设的政治动员现象，具有重要的现实意义。作为一种与运动式管理相对的常态化规范治理方式，法治是国家社会建设的一种最佳模式。在国家的现代化转型和现代社会的建构过程中，作为改革顶层设计的规划者、领导者和推进者，执政党在维护社会稳定、政治稳定与秩序的同时，同样面临着合法性基础的转变与巩固问题。政治认同的重塑不但需要政治动员主导者本身的转型以及政治动员方式的转变，也需要动员对象的真切回应与支持，从而在现代社会中构建一种政治动员主导者与动员对象之间的回应与互动的良性关系。通过法治意识形态的建构以改变人的思维与行为，形成"意识—机制—行动"的逻辑，建立一种法治框架内的政治秩序和行为模式，这些既在现实生活中发生着，也在影响着我国的法治进程，塑造着我们的法治图景。描绘法治中国建设的政治动员现实，展示其内在逻辑结构，构成了观照和反思我国法治进程的一个有机组成部分，而最终目的则是通过治理方式的转型实现国家治理体系和治理能力现代化，建立法治政府、法治国家与法治社会，让法治真正成为中国人的"习惯成自然"的生活方式。

二 研究方法

在国家治理转型的背景下研究法治建设的政治动员，既涉及在一个合理的结构模型中设定各要素及其相互关系，又需要在一个过程中把握所发生的变化，并探索这种变化所发生的原因，还涉及对与法学、政治学、管理学等学科相关的社会现象进行理性分析。因此，只有在多角度、多学科原理的综合运用中，在宏观与微观视角的有机结合中，法治中国建设与政治动员之间的关系才能得到有效的疏理。

1. 定性研究法。法治是当前中国法学研究中的重大理论问题，法治议题对塑造当代中国的政治形态发挥了重要作用。政治动员、合法性基础和政治认同等本身就是政治学研究的重要内容。因此，从内容上看，"法治"与"政治动员"是法学基础理论与政治学中重要的研究课题。理论法学与纯粹的政治学理论都特别重视对基本概念的界定，概念的梳理往往能够促成理论的证成，因此对于法治中国建设政治动员过程中所出现的基本概念、基本逻辑、基本理论等都需要有平允、深刻的学理提炼。正是在此意义上，通过对"政治"概念与"法治"概念的爬梳，特别是通过将法治中国建设的政治动员现象纳入具有社会学意义的结构框架，就可主要凭借定性的方式勾绘出当代中国政治进程中法治建设的基本面貌，也可以在更深的层次上把握法治中国建设的政治动员结构。

2. 比较研究法。当代中国的法治建设滥觞于中华人民共和国成立初期的运动式政治动员的基本意识形态，并受到改革开放之前政治动员和实践话语的影响，因此要深刻分析当代法治建设中所面临的问题及解决的思路，就必须在政治沿革特别是政治文化沿革的过程中树立起比较研究的视野。通过比较的视野，透过特定的时空背景，以法治为切入点，把发生在不同时间内的政治动员现象放置在同一个权力场域中进行研究，就可以提炼出中国法治建设政治动员的一般逻辑条件。

3. 跨学科研究法。从国家治理转型的背景出发研究法治中国建设的政治动员这一社会现象，从涉及的学科背景来看，政治学、法学方法将是最基本的方法。公共治理是公共行政学的核心问题，而公共行政学又是管理学的一个重要分支，在公共治理转型的背景下，研究法治中国建设的政治动员现象，必然会涉及管理学方法，如激励方法等。法治中国建设本身就是现代国家与社会转型的一部分，涉及法治意识、法治认同等有关社会意识、社会心理问题，因此，研究法治中国建设的政治动员现象，又需要社会学方法的支撑。而评估法治中国建设的政治动员效果，则会涉及法治的激励、约束与监督机制问题，涉及对法治的理念供给与制度供给的评判，甚至还与法治运行的社会资本相关，因此，研究法治中国建设的政治动员现象，还需要运用制度经济学的方法。

总之，法治中国建设的政治动员现象，从研究方法的角度看，是一个涉及定性研究、比较方法运用，以及法学、政治学、管理学、社会学、制度经济学等跨学科研究方法综合运用的课题。

第一章 法治中国建设动员的内在机理

研究法治中国建设的政治动员现象，首先必须确定法治建设政治动员问题的性质。这个问题可以通过一个"事实"与"价值"相结合的命题来进行说明。由于意欲通过法治实现国家治理现代化这一目标中包含着法理型政治秩序的建构，而法治建设政治动员中却隐藏着法治建设与政治动员之间共生性与功能性矛盾，从而就导致法治建设政治动员这一现象中包含了一种悖论性的关系。这种关系应当得到有效的阐释。其实，作为社会主义国家建设的一个结构性机制，政治动员的存在与其说是一个革命年代遗留下来的独特政治现象，毋宁被理解为"政党—国家"的组织体制与意识形态在探索过程中所形成的惯性问题。"对理解中国政治来说，政治动员方式不能仅被视作一定历史时期老一辈革命家的个性化施政理路，而是中国政治体制的一个结构性的内在机制，是一定意识形态和组织体制的惯性。"[①] 因此，作为一种客观现象存在的法治中国建设的政治动员，就不但是一个关系着传统政治与现代政治、政治与法治、国家与公民之间的行动界限的重大政治问题，而且在外在的运动式管理方式掩盖下，还隐藏着法治

---

① 孙远东：《政治动员与政策过程》，博士学位论文，苏州大学，2008年。

中国建设得以启动和展开的意识形态、政治组织结构、权力技术、动员伦理，甚至是权力结构等体制性的内容，而后者才是真正解释法治中国建设政治动员现象的内在机理。当然，对于这一内在机理的阐释，只有放在一个系统的结构框架中才是有价值的。

第一节　法治中国建设动员的命题确证

由于对法治中国建设政治动员的研究是基于与运动式治理相对的法治化治理层面上展开的，因此，理解政治动员现象就更倾向于从组织管理或社会治理方式的角度切入。① 由于动员概念本脱胎于军事，所以，政治动员在本质上强调的是具有拟军事社会治理色彩的组织管理方式。相对于处于核心地位的组织管理方式，政治动员主导者发动政治动员时所采用的名义、具体的动员方式、对资源的获取和利用、通过政治动员所要达成的目标等，其意义主要就是附随性的。基于这种理解，关于法治建设政治动员问题的研究，将首先阐释组织管理方式意义上的法治建设政治动员，即在作为执政党的中国共产党主导下，以国家或政府名义展开的，以法治建设为基本内容的动员。如果把法治建设政治动员当作一个命题来看待的话，那么这个概念的解析需要从事实和价值两个层面展开：在事实层面，当代中国的法治建设是需由政治动员启动的；在价值层面，当代中国的法治建设应当通过政治动员来推进。

一　事实命题：法治中国建设需由动员启动

政治在法治中国建设启动与推进过程中是如何发挥作用的，或者

---

① 参见李斌《政治动员与社会革命背景下的现代国家构建：基于中国经验的研究》，《浙江社会科学》2010年第4期。

说政治是以何种方式介入法治建设的？这个问题如果从政治动员的角度予以把握，结论就是，当代法治中国建设事实上是经政治动员启动的。因此，如果把法治中国建设的政治动员作为一个客观现象进行研究，那么，解释这一现象得以发生的内在机理的框架就是一个理论的"描述"框架而非"规范"框架。

首先，从法治本身的过程看，依法治国是在中国共产党的十五大报告展开两年之后正式被写入宪法的。在入宪之后，法治的精神逐步进入普通法律之中。正是在这样的背景，下述说法才有可能是正确的："强调制度和法律的作用，强调民主与法制的结合，中国共产党由革命状态下夺取政权的党，变成和平状态下执掌政权的政党，中国共产党在'法理'上宣告了大规模发动群众为代表的政治动员作为治理国家的模式的终结。"① 显然，这种法理宣告与事实之间存在着差别，法制只是在规范层面得到了法律的认可和倡导，离法治化还有相当的距离，毕竟要真正实现国家治理的法治化是一个长期的过程。

其次，从推进动力看，法治中国建设的核心动力是政治。法治的发生与发展一定有其动力，而这种动力就隐藏在社会结构之中。这个结构不是纯粹的经济结构，经济动力不足以促使法治建设自然地发生。其实，"市场经济是法治经济"的命题在某种意义上就在说明法治的动力机制问题。② 由于市场经济在根本上是要解决政府与市场在经济活动中的地位问题，而法治是一种追求公平的规范操作，政治不规范会破坏市场的公平秩序，各政府部门如工商、税务等，为经济开路或保驾护航，就既有经济动力又有政治压力（忽略自身的寻租动机

---

① 高扬：《政治动员的治理价值——理解中国特色治理模式的新视角》，《南昌大学学报》（人文社会科学版）2015 年第 6 期。

② 参见李斌《政治动员及其历史嬗变：权力技术的视角》，《南京社会科学》2009 年第 11 期。

与行为)。单纯的经济动因既无法有效解释中国法治的发生逻辑,更无法作为一个分析工具全面反映中国的法治发展过程。这个结构是一个综合了多种要素的结构,而能够把这些要素有效统合在一起的则是政治权威。因此,如果将中国法治的启动点定位于政党意志的话,那么,在政党意志背后也一定存在着社会结构之中的政治动力。从方式上来看,在法治形成和运转的过程中,政治动员正在隐秘地发挥着支配作用。也就是说,法治建设中的政治动员结构首先是由法治被动员这一基本事实决定的。

最后,从国家治理转型看,在中国共产党的革命历史及建立中华人民共和国之后的国家建设史上,政治动员不论是在学理层面还是从实践层面,都曾经产生过深远的影响,从共产党领导的现代化国家建设的角度来说,政治动员是长期以来一直被坚持的、被认为是行之有效的治理模式。对法治建设进行政治动员,实际上是对过去的以政治动员进行社会管理方式的延续。[①] 法治中国建设的政治动员实质上是在国家治理模式转型的背景下发生的,政治动员就需要在组织管理方式的意义上加以理解。"政治动员实质上是一种特殊的权力技术,动员主导者主要通过宣传教导的方式,辅之以物质刺激和其他手段,引导动员客体接受和认同动员主导者的权威及其价值主张,并在动员客体间构建相互关联的人际网络,促使其展开特定旨向的集体行动,实现动员主导者为之设定的各项目标。"[②] 不过,执政党毕竟不同于革命党,"革命"以夺取政权为目标,"执政"中则包含着国家与社会治理的要求。建立法治国家与法治社会,是中国现代社会转型的一个基本目标,法治正在成为国家与社会治理的模式。

---

① 参见徐彬《论政治动员》,《中共福建省委党校学报》2005 年第 1 期。
② 李斌:《政治动员及其历史嬗变:权力技术的视角》,《南京社会科学》2009 年第 11 期。

总而言之，要对实际存在的法治中国建设的政治动员的内在机理进行结构性的揭示和解释，就必须从描述的层面、从实然的意义上来理解法治中国建设的政治动员。在实然的意义上，当代中国的法治建设无论是在启动上还是在目前的运转上，遵循的都是政治动员模式，这不但是历史的惯性，也有现实的需要。

二 价值命题：法治中国建设需经动员推进

从价值层面来看，法治中国建设也应当经由政治动员来推进。最根本的理由在于，政治动员是有效解决集体行动一致性问题的最佳途径。从公共治理的视角看，通过政治动员来推进法治建设是当前的必由之路。公共治理的核心问题是，为了实现普遍正义，如何在公共资源稀缺这一前提下解决集体行动一致性的问题。理论上，我们只能假设个体缺乏推进法治的动力，即便单个个体完全按照法治的要求行为，也无法期待其他个体或组织能够以同样符合法治的行为同其进行交往与合作，也就无法实现整个国家与社会的法治化。个体推进法治的动力不足，只能由集体（公共组织）通过公共资源的供给为法治输送动力。中华人民共和国成立后，新中国的现代化是以强化社会革命并弱化发展生产力来推进的。"中国现代化这种特殊逻辑必然创造一种特殊的激励机制，这就是政治动员，即执政党诉诸以意识形态合法性为中心价值的一波接一波的政治运动来实现经济、政治和社会发展计划。"① 当前，如果不继续采取政治动员的激励机制，就无法有效地积聚和配置公共资源，也就无法形成推进法治建设的合力。

从法治的视角来看，中国缺乏法治的传统，政治动员几乎都是在法治框架之外进行的，或者说是反法治的，甚至法治本身的正当化与

---

① 古洪能：《论政党治国的体制和困境——政党政治时代国家治理的一个考察角度》，《理论与改革》2017年第3期。

快速推进，有时候也是政治动员的产物。政治动员是基于政治目标展开的，法治如果也是通过政治动员发动起来的，那么，法治就应该被相应地理解为政治的一部分。法治实际上是在维持稳定的基础上实现国家与社会变迁的一个重要方式和制度手段。法治化治理的重要意义在于维持动态的稳定、实现社会变迁，并通过社会化降低集体行动的差异性。当然，法治意义上的差异性，不是具体行为的差异性，而是行为方式的差异性，即实现集体中所有成员在行为方式与思维方式法治化基础上的差异性。在此意义上，严格区分政治动员与法治动员是不可能的。例如，有学者将社会动员分为政治动员和法治动员，认为"法治动员是法治社会中的社会动员"[1]。该学者没有明确说明将政治动员与法治动员相区分的根据，不过从对法治动员的定义来看，其所谓的法治动员实际上指的是法治方式的社会动员，而非以法治为内容或客体的社会动员或政治动员。即其所谓的法治动员虽然含有规范政治运作的内容，但并非旨在从更为宏观的层面揭示法治是如何通过政治动员方式被主体发动起来的。也就是说，该学者所说的法治动员是规范层面与应然意义上的。从法治的要求来看，社会动员无疑也应当实现法治化，不过，实现社会动员的法治化与推动中国法治建设应当经过政治动员的阶段显然是两个不同的问题，却揭示了通过政治动员推进法治建设这一命题中所包含的深层次矛盾：从政治上看，实现国家与社会治理的现代化，意味着要实现政治治理的法治化，从而建构起法理型的政治秩序；但政治动员这种特殊的权力技术，虽然有利于实现以法治为目标的集体行动一致，却在深层次上构成法治建设的破坏性力量，从而构成法治建设与政治动员之间的张力。

---

[1] 侯晓光：《村民自治研究——基于清末民国时期与改革开放时期的比较》，博士学位论文，中国政法大学，2014年。

第二节　法理型政治秩序的建构

在执政党的领导和主导下依法治国，建设社会主义法治国家，体现了执政党建构法理型政治秩序的勇气和追求。以政治动员推进法治中国建设，是执政党自身面临的一次重大执政合法性转变考验。法治正是应对政治合法性问题的一个重要手段，而法治所导向的则是法理型政治秩序的建构。以法治建设重构执政合法性，从法治动员议题的认同角度来看，是将法治纳入政治意识形态；从制度建构的角度来看，则有通过法治解决（政治）制度信任危机的功效。① 意识形态与政治统治的合法性都属于政治的合法性，对于执政党来说，就是政治统治的合法性问题。政治统治合法性的反面是政治合法性危机。政治的合法性危机可以通过类型学的分析来加以认识，而所谓的危机也是"危"中有"机"，这一事实可以对执政者提出政治合法性的形态或类型的转化问题。

一　政治信任的法治根基

（一）法理型的政治治理

政治统治的合法性问题，是政治问题中最核心的伦理问题。但合法性并不仅仅是一个理论问题，而是直接关切现实并对政治统治的维持产生根本性影响的实践问题。对于政治统治的合法性类型，不同的学者提出了不同的类型学划分。其中，德国著名的社会学家马克斯·韦伯（Max Weber）从政治现代性的视角，根据合法性的基础，提出了关于政治统治合法性类型的三重划分，即克里斯玛型、传统型和法

---

① 参见李征《简论"政治动员"》，《河海大学学报》（哲学社会科学版）2004年第2期。

理型。① 韦伯明确承认，这三种政治统治合法性的类型只是一种理想状态的区分，在实践中并没有哪个政体会完全符合某一种类型，而往往以某一种类型为主，同时掺杂其他类型的特征。换句话说，韦伯清醒地意识到，他的三种类型划分只是一种理论上的分析工具。尽管如此，韦伯的理论划分除了能够对于认识现实世界中的真实政治统治有所帮助外，也能够为现代社会中各不同政治统治类型的转型提供一定的方向性提示。

依据韦伯的观察，从历史演进趋势来看，大多数国家的政治统治合法性正在向现代的法理型统治转变，或者已经实现了这种转变。这在某种意义上也就意味着，法理型的政治统治不但是现代社会的主流，而且肯定具有相当程度的合理性。那么，法理型政治统治的合理性究竟在哪里呢？至少从维持长期政治统治的可能性来看，法理型比克里斯玛型和传统型更具优势：法理型政治统治改变了传统政治信任的基础，在现代多元社会中有足够的力量应对社会中产生的政治统治合法性危机。"总之，在现代社会中，政治的运作离不开社会力量的支持；政治合法性的基础既不是'卡里斯玛'，也不是神授，而是世俗化的法制权威，而这种权威来源于公众的同意。至此，如何维持公众的'一致'或'同意'就成为现代政治社会化的重要任务。"② 如果法治的权威来自于公众的同意，而公众的同意又总是带有民主的意味，那么，公众的同意中就隐含着对于政治统治者的信任问题。这种信任，不但包括对政治统治者这一主体的信任，还包含着对意识形态和制度的信任。

---

① 参见［德］马克斯·韦伯《学术与政治》，冯克利译，生活·读书·新知三联书店1998年版。

② 李俊：《论社会变革中的政治社会化治理机制》，《社会科学》2007年第3期。

(二) 制度的信任危机

信任原本指的是人际关系中一个人对他人的信赖,是人对他人在心理上的信赖,并且这种信赖可以提供可预期性。"信任是一种独特的'商品',因为随着频繁地使用,信任会增加而不是枯竭。但是,信任取决于一个人对他人将如何行动的期待的信心。"① 信任可以产生合理的期待。这就意味着,心理上信赖关系的形成,必须建立在一定的信任基础上,否则无法形成有效的期待。熟人之间因为经常打交道,容易形成相互间的期待。但是,个体之间的交往并非全部都是在熟人之间进行的,陌生人之间的信赖关系是否可以建立起来?一个具有整合力的社会,必然是一个可以为陌生个体之间提供基本信任关系的社会。一个社会的存在,不仅仅是由群体、调整群体间关系的制度机制和规范机制、经济基础等来维持的,心理机制也是一个社会得以维持的基本要素之一,信任又是一种重要的社会心理机制。"信任是降低不确定性和简化复杂性的机制之一,是维系人际和谐的心理基础,是建构社会秩序的重要媒介。"② 从政治的角度来看,当民众对于政治主体信任降低时,就可能对其政治统治的合法性也连带产生怀疑。在此意义上,信任危机实际上是一种合法性危机,会给政治稳定和社会稳定带来负面影响。

当个体成为政治系统中的一个元素,而这个政治系统又是一个刚性的系统,那么,对个体的政治不信任就有可能被放大为对政治系统的不信任,从而容易形成制度性不信任。一旦社会出现了制度性不信任,那么这种危机就会是社会性的信任危机。制度的不信任与一般个

---

① [美] A. J. 达米科、M. M. 康韦、S. B. 达米科:《政治信任与不信任的模式:民主政治中的公民生活》,张巍译,《国外理论动态》2012年第10期。

② 陈潭:《政治动员、政策认同与信任政治——以中国从事档案制度的推行为考察对象》,《南京社会科学》2006年第5期。

体之间的信任关系不同,因为个体对制度的不信任并不一定会否定其对其他个别个体的不信任。然而,一旦个体对政治在某一方面产生了制度不信任,要让其对制定、执行该制度的主体再产生真正的信任就不太可能了。因此,对个体之间的信任并不一定会带来对制度的信任,但制度不信任肯定会降低个体之间的信任。从维持社会运转的角度来看,制度性不信任一旦出现,肯定会增加社会的沟通成本和个体之间的交易成本。由于制度不信任特别是政治上的制度不信任会连带性地带来合法性危机,因此,一个社会必须得提供让社会成员之间得以建立制度性信任的机制。在现代社会,法治是具有这种功能的机制。在政治中所阐发的现代法治,其实从政治的视角来看就是法理型的政治统治。"'信任一项制度'意味着知道其构成规则、价值及准则为其参与者所共有,而且他们认为这些规则、价值、准则是有约束力的。信任制度也意味着信任政府,信任政府当然应该信任特定政府的规范性主张。"① 所以,建立法治信任首先要建立社会成员对于法治的制度信任,只有这样才能在法治的基础上建构出政府的权威。由于法治首先是一种制度信任,因此,对于法律内在精神原则的信任,才有可能上升为法治信仰,也只有在法治不但在制度上而且在思想意识上成为社会基本共识和行为规则的社会中,政治秩序的建构才会是以法治为导向的。

二 法治政治的制度优势

通过推行法治最终形成的理想政治秩序,应该是法理型的政治秩序。这种政治秩序也就是通常所谓的法治政治。有学者将法治政治的本质归结为民主政治,认为主权在民是民主政治的核心,是多数人参

---

① 杨绘荣、李彤:《从内隐到外显:政治认同与政治参与的逻辑联系》,《中共山西省委党校学报》2018年第1期。

与的政治，是权力受法律控制的政治，是服从多数保护少数的政治。①法治政治当然具有一些学者强调的政治权威的合法、政党行为的法治性的特点。②但这种理论分析对于中国的政治现实是否适用呢？有学者将中国的法治与政治看作是法理型权威和魅力型权威两种合法性观点的矛盾和冲突。③其实，将中国的政治看作魅力型权威的合法性，显然并不确切。法治与政治之间的根本差异，实际上是法律和权力谁更具有最高权威的问题。如果推行法治是为了建立法理型的政治秩序，那么，在政治与法治的关系中，理想型的政治就需要以法治为基础，而为了真正地实现法治，政治就要在充当法治原动力上发挥推动作用，尽管这种推动在某种意义上正是要通过法治给政治添加规范性因素，以限制权力的肆意。因此，为了实现法理型的政治秩序，政治权力必须赋予法治的底色。对于政治来说，由于法治在根本上转化了政治的正当性基础，所以，法治在对政治进行肆意的限制和约束的同时，也就更有利于维护社会主导型的政治稳定。

（一）法治有利于政治约束

至少就目前的状况来看，在中国推行法治，必须依靠政治的力量。但是，如果推行法治的目的之一是要建立法理型的政治秩序，那么，就必须得对政治本身进行约束，实现政治的法治化。约束政治权力，是实现政治法治化进而建立法理型政治秩序的先决条件。中国的法治在根本上是通过执政党的力量来推行的。那么，执政党有着什么样的内在品质，可以保证其有能力推进中国的法治，并且最终通过法治实现自身的法治转化呢？有学者认为，"实际上，通过强有力的政

---

① 参见刘瀚《民主政治即法治政治简论》，《中国社会科学院研究生院学报》2002年第3期。

② 参见陈金钊《法理学对中国哲学社会科学体系构建的意义》，《学术月刊》2019年第4期。

③ 参见冯仕政《法治、政治与中国现代化》，《学海》2011年第4期。

党推行依法治国方略，在法治建设的过程中，需要的不是纯粹的技术中立性，而是牢靠的政治品质和对整个组织忠诚的职业伦理"。① 这从本质上建构了法治与政治之间的一种密切关系，牢靠的政治品质和忠诚的政治职业伦理，恰恰是意识形态建设不可忽略的内容；而从更广的范围来看，则是加强党的建设的重要目标之一。问题的关键还是遵守什么样的政治品质和政治职业伦理。从法治的角度来看，这样的政治品质和政治职业伦理应该体现政治权力依据法治运行的自我约束特点。在此意义上，法治在本质上是一种政治自我约束的机制。

另外，依靠政治来推进法治，还必然涉及推进方式的问题。法治是全体社会成员的共同使命，但要完成这项尚无先例的伟大事业，就必须形成一个强有力的领导核心。这个推进法治的领导核心，自身首先要崇尚法治、敬畏法治，也就是说，只有首先实现执政党的政治领导的法治化，才有可能推进整个国家、社会的法治化。党的领导的法治化，在根本上就是实现党的意志的国家化，而非让国家成为党的意志的执行机构，更非党的意志对于国家机构的直接支配。

（二）法治有利于政治稳定

在法理型的政治秩序中，政治的规范基础应该是法治。这不仅要求政治本身得到法律的合法化承认，还要求一切政治主体的政治行为都应该在法律规范的限度内进行。确实，一切政治在根本上是权力的划分，但法治之下的政治权力不再是肆意的，而是受到了法律的支配。法治在对政治进行规范的同时，实际上也在对政治进行保护，这是因为法治是一种包括政治主体在内的所有主体都必须一体遵行的规范性范畴，法治在对所有主体行为进行规范的同时，也保护所有主体以法治为根据实施所有合法行为。在此意义上，法治实际上具有合法

---

① 赖波军：《F高级法院：司法运作与国家治理的嬗变》，博士学位论文，四川大学，2006年。

化和保护的功能。

从保护政治的角度来看,法治有利于社会稳定。有学者基于自己设计的分析模型,提出了如下假设:"法治为受损害的公民提供了一个经济的和具有稳定期待的争端解决工具,因而他们倾向于选择司法途径实现对自身利益的救济,而非法律之外的抗争,由此社会的稳定得以一种积极的方式长期保持。"① 经过检验,这种假设基本上是成立的,即"实行法治的政治收益是可观的"。如果通过法治这种积极的方式可以实现社会的动态稳定,那么,法治就还可以通过社会稳定来促成一种社会主导型的政治稳定。建立基于法治的政治信任,无非为了建立法理型的政治秩序。在这种理想型的政治秩序中,相对于政府主导型的政治稳定模式,社会主导型的政治稳定无疑会大大降低政治治理的成本,并且在根本上建立一种内生性的稳定:"在这种模式下,利益冲突在社会层面,通过社会自身的调节功能得到缓解,而政府通过程序化的方式化解社会矛盾、满足政治利益诉求、强化政治认同,这是一种内生性的稳定。政治动员强调的是主流文化的生成和政治认同,压力的缓解和力量的聚合,促成社会主导型政治稳定。"②

第三节 法治中国建设动员的内在张力

执政合法性必然涉及政治秩序的建构类型问题。如果建构法理型的政治秩序是法治建设的一个基本目标,那么通过政治动员所进行的法治建设,又会对实现这个目标产生什么样的影响呢?从公共治理转

---

① 王志远:《法治与政治稳定——中国经验的定量分析:1996—2010》,《法制与社会发展》2013年第2期。
② 李扬:《中国共产党政治动员研究(1949—2007)》,硕士学位论文,华东师范大学,2008年。

型来看，以法治为导向的国家与社会治理的现代化，本身就包含着合法性问题。法治中国建设启动、推进的过程，特别是政治动员现象，展示了法治与政治的微妙关系，体现出了法治建设与政治动员的存在性共生与功能性矛盾：尽管法治在存在状态上与政治动员是一种共生关系，但作为手段又与法治存在着功能性的矛盾。在以政治动员方式推进的法治中国建设中隐含着的法治与政治近似悖论性的关系中，实现党规党法与政党权力的内部法治化有着重要意义。

一　法治建设与政治动员的存在性共生

法治中国建设实际上是一场政治的转型。显然，这种转型不能通过暴力革命实现，通过暴力革命所实现的政权更替不可能造就稳定的法治局面。因此，全面推进依法治国，就是由执政党借助政治权力推动的一场自我政治转型。要推进这样的转型，政治动员是必不可少的，没有政治动员，法治就无法推进；在这种前提下，法治建设必须首先允许政治动员存在建构于法治之外的"顶层设计"。

（一）政治动员对于法治的推动

从法治与政治动员各自的内容，特别是政治动员包含了运动式治理方式来看，二者之间有可能产生学理上的冲突。"法治是理性的，它是以民主为基础，以保障人权为核心而建立起来的有序的、常态的制度化、规范化管理。而'运动'恰恰与法治相反，它具有激情性、阶段性，属于非常态管理的不稳定的工作模式。"[①] 然而，法治中国建设推行的现实情况恰恰是，法治正是通过政治动员的方式推进的。也就是说，有序的、常态的制度化、规范化管理正是通

[①] 高勇年、张建智：《浅论法治建设应消除"运动"文化心理——学习董必武"不重视和不遵守法制现象"论断之思考》，载孙琬钟、应勇主编《董必武法学思想研究文集》第七辑，人民法院出版社2008年版，第384页。

过非常态的、不稳定的管理来推进的，并且也只有这种方式才能推动法治。在中国的体制性管理模式中，有效的外部压力与持续的内部动力是形成高度的法治认同的前提。不过，从外在方面来看，持续的政治动员正在推动着法治前进，法治能够推进到何种程度，能否取得预期的效果，在很大程度上取决于政治动员的有效性和持续性。

（二）法治对于政治动员的接受

法治建设必须以动员的方式展开，不然法治本身的推进就缺乏重要的政治动力。但是，以政治动员的方式来推进法治中国建设，并非法治的常态，而法治又没有办法期待更为可能的、更具有力量的动力机制。因此，在法治中国建设的政治动员中，就始终存在着一种无法有效解决的问题：法治是否具有最高的权威。有学者将一般的政治权威分为法的权威、机构的权威、职位的权威和人格的权威四个层次。如果将政治权威理解为政治上有权威的主体，那么上述划分为四个层次的政治权威实际上指的就是"政治的权威"，法、机构、职位、人格只是显现或代表政治的四个不同的要素。职位权威与人格并不一定就会结合在一起。人格权威和职位权威具有韦伯理论中的克里斯玛型或传统型统治的特点。机构的权威实际上是主体的权威。法的权威才具有法理型统治的性质。法的权威的地位在中国当前的政治统治正当性谱系中出现上升是毋庸置疑的，但政治权威与法治的关系在这种上升中显得极为微妙。"从根本上说，政治权威的合法性提供了政治权力'正当''合法'运转所必需的政治资源和民众基础。"[①] 法治对于政治权威所能够提供的政治资源和民众基础，都显得力不从心，遑论获得一般公众的自愿服从。

---

① 宋玉波、刘永恒：《法治政治与执政党的政治权威》，《浙江工商大学学报》2008年第3期。

二 法治建设与政治动员的功能性矛盾

从功能上说,政治动员虽然可以推进法治建设,但也具备可能破坏法治的潜在因子,对政治动员本身进行法治上的限制是有必要的。这种必要性就隐藏在法治与政治动员的功能性矛盾中。

(一) 以政治动员推进法治建设存在着二律背反

民主是一项政治追求,既是现代政党与现代国家建立正当性的一个重要政治基础和价值理念根据,也是试图克服现代官僚机制的一个重要手段。通过政治动员的手段追求民主,具有克服和弥补官僚机制僵化的作用。而正是基于政治动员的这一价值,政治动员在中国民主进程中就扮演了一种悖论性的角色。从中华人民共和国成立之后的历史来看,即便不考虑当时的特定背景,我们也有理由相信,这种以非民主的运动治理方式来追求民主的现象,呈现出中国民主进程的二律背反悖论。这个悖论对于法治的影响就是,以政治动员这种运动治理方式来追求民主,无论民主是否能够实现,法治本身都将是难以实现的。这是因为,在民主政治实现的过程中,民主的法治化建设被严重削弱,从而使所追求的民主本身能够实现的价值变得不稳定,降低了民主所给出的承诺的可信度。

如果我们将目光投射到更为广阔的社会,那么,我们就会看到,在法治与政治动员这一国家治理模式对比的背后,是国家、社会的现代化进程与政党这一特殊主体之间的一种特殊关系:"中国的现代化不是以自主性的社会为动力的,而是特定政治权威即政党推动的。这种由政治权威推动的现代化对权力集中有着天然的偏好。"[①] 当前,执政党的目标是实现国家与社会治理体系与治理能力的现代化,

---

① 上官酒瑞、程竹汝:《革命党领导下的中国政治特征及其效应》,《中共浙江省委党校学报》2012 年第 1 期。

但是，这种现代化追求是由政治权威推动的、以规范化与限制权力为目标的法治现代化，恰恰与政治权威的结构与趋势发生着某种碰撞，从而在一定程度上抵消了法治的作用力。正如以非民主的运动治理来追求民主会造成民主的二律背反一样，以非常规、非制度化的政治动员来推动常规化、制度化的法治，本身也是一种二律背反。

（二）法治必然对政治动员施以某种限制

什么是法治、建设什么样的法治及如何建设法治，在根本上取决于政治决断。在此意义上，法治建设本身就是最重要的政治建设。对于法治中国建设来说，最核心的问题是如何处理党与其他主体的关系，更进一步说，是如何看待党的领导问题。党对国家的领导不是党对国家职能和地位的取代，而是将党的意志转化为国家的意志。从我国的政治制度来看，最根本的就是通过人民代表大会制度来完成从政党意志到国家意志的转化。人民代表大会制度的运行机制，在根本上由人民决定。人大代表是一个联系器，需要负责将群众和决策中枢联系起来。但是在实际的政治制度运作过程中，各级人民代表较难承担联系群众和决策中枢纽带的政治角色："当然，这与执政党倾向于通过政治动员、利用政治动员的方式进行社会治理有关。政治运动对于政府体制层面的制度和规范，很大程度上产生一种冲击和排斥的作用。"① 执政党的政治动员机制在根本上仍然属于一种政治运动的方式，这种方式在根本上是不受规范的，其存在的意义之一即在于它不受规范却能打破规范形成的体系。由于宪政和政府体制在本质上都是一种规范化运作，需要遵循法治的要求，因此，

---

① 叶笑云：《平衡视阈下的当代中国信访制度研究》，博士学位论文，复旦大学，2008年。

政治动员就隐藏着对法治的排斥和消解。[①] 为了真正地维持法治的存在和运行，政治动员的色彩必须逐步淡化，使得政治权力的运行最终进入法治的轨道。

第四节　法治中国建设动员的理论框架

法治中国建设的政治动员现象中包含着非常复杂的问题，要把握这些问题，就需要一定的理论分析框架。这个结构性的框架应当具有解释和解决这两个功能：能够通过对政治动员内在结构要素的分析，解释法治中国建设的政治动员得以在事实上和价值上成立的原因及实现集体行动一致性的运作机理；能够为解决法治建设政治动员中隐藏着的存在性共生与功能性矛盾这一悖论的关系提供可能的方向。

一　法治中国建设政治动员的问题域

法治中国建设的政治动员现象涉及众多的问题域，类似法治建设是如何被政治动员的，政治动员的主体、对象、目标、手段是什么，法治建设的政治动员效果和效能如何等以及一系列相关的问题。例如，有学者以"运动模式"和"活动模式"的区分与演进，来阐释中国共产党的政治动员模式所经历的变迁："这是一种从热衷于搞'群众运动'到擅长开展'集中教育活动'的变化，是从'革命党'到'执政党'的变化，是基于角色、环境、任务、取向、思维和方式上的立体的、全方位的、根本性的变革，其中蕴含着一个'其命维

---

① 参见孔繁斌《政治动员的行动逻辑：一个概念模型及其应用》，《江苏行政学院学报》2006年第5期。

新'的老大政党的艰辛探索和进取情怀。"① 在这种视角下，曾经的"三讲""保先教育""创先争优"，以及现在的"三严三实""两学一做""不忘初心"等党内集中教育活动，都属于"活动模式"的政治动员。如果这种观点成立的话，"全面推进依法治国"是不是活动模式的政治动员？这种活动模式与群众运动模式之间存在着什么样的继承关系，群众路线教育之类的实践活动对于法治建设的政治动员又有何意义？

有学者根据新制度经济学中社会变迁模式存在的强制性变迁与诱致性变迁的分类，在政治动员上提出了两种不同形式的区分："强制性政治动员是由政治权力主体强制力或命令推动和实现的政治动员。……诱致性政治动员是社会政治主体为响应获利机会而自发推动和实现的政治动员，是社会的、经济的和心理的旧的束缚的瓦解，以及人们逐渐适应新方式的社会化和行为的过程，是一种自发的政治动员。"② 在法治中国建设政治动员的问题域中，中国对于法治建设的政治动员，究竟是通过强制性政治动员实现的，还是通过诱致性政治动员实现的？是否存在进行法治建设的政治动员方式在选择与使用上的前后变化？选择强制性政治动员或诱致性政治动员以及动员方式变化的动力何在？效果如何？

又如，随着从革命党向执政党的转变，执政党的执政能力建设得到了强调，改变了传统的政治动员类型："执政党进行的政治动员属于改良型的政治动员，其目的并不在于推翻或者颠覆社会结构，而是统筹结构的整合程度。因此其动员伦理基础不是阶级对抗而是解决实

---

① 赵智、王兆良：《从"运动"到"活动"：中国共产党政治动员模式的新范式》，《山东社会科学》2012 年第 6 期。
② 叶敏：《从政治运动到运动式治理——改革前后的动员政治及其理论解读》，《华中科技大学学报》（社会科学版）2013 年第 2 期。

际问题;动员手段不需要命令式动员、强制性参与和大规模的群众运动,而是基于利益协调的政治诱导。"① 在法治中国建设政治动员的问题域中,现在需要考虑的问题是,基于利益协调的政治诱导式的改良型政治动员有无法理根据?如果存在法理根据,政治动员的方式是否与法治的要求相悖?实现利益协调的政治诱导的法治化条件是什么?

这些问题可以通过单独的方式提出,也可以表现为一系列具有逻辑关系的问题链。这些具有普遍性的问题应当得到反映和体现,有待系统的回答与总结。事实上,问题域中的众多问题都可以通过建构系统的政治动员理论结构展开具体的分析,从而获得一定的答案。

二 法治中国建设政治动员的理论结构

分析法治中国建设政治动员的理论结构不同于政治动员机制。动员机制是在动员系统中,动员主导者、对象与动员机制之间的一种相互作用的过程,借助动员的机制、动员的对象对动员的发动者渐趋认同。动员机制在本质上是一种产生政治认同的方式,是动员对象与发动者之间相互作用的方式,因此,动员机制并不考虑动员主导者能够有效地发动政治动员的原因,不考察动员主导者凝聚资源的能力,也不关注政治动员的具体模式,更不会涉及政治动员效果的评估问题。例如,有学者认为动员式治理包含着强化激励、资源动员和行政控制三个机制②,其对"动员与效果"的区分即表明了"动员"实际上指的是"方式"而不包含"效果"。因此,法治中国建设政治动员的理论

---

① 李斌:《政治动员与社会革命背景下的现代国家构建——基于中国经验的研究》,《浙江社会科学》2010年第4期。
② 参见赖诗攀《国家动员及其效果:以反腐败为例》,《武汉大学学报》(哲学社会科学版)2016年第1期。

结构,虽然仍然将动员机制看作动员主导者与动员对象之间沟通的方式,但由于动员机制只是内在于动员对象对于动员主导者的反馈之中并且通过动员目标实现的,因此就只是理论结构中的一个要素而已。

不过,作为一种治理方式的法治,它的启动和推进却主要是通过政治动员来完成的。"从人类社会管理方式的角度来看,可以把政治动员看作第三种组织管理方式,它介于家长制和理性官僚制之间,它突出'权威''运动''意识形态灌输'及'组织控制',是一个'以高尚的名义用相对较快的速度对此前没有控制的资源进行整合控制的过程',它凭借政治权威取信于民众,并深度挖掘(甚至透支)民众的潜力来巩固政权、建设国家。"① 实际上,法治中国建设的政治动员指的就是这种意义上的政治动员。那么,法治建设的政治动员又是如何体现它的本质内容,同时又具有哪些特征,反映出什么样的内在关系呢?

对上述问题,既可以从法治中国建设的政治动力机制,如激励机制、约束机制、监督机制的体系出发研究,也可以按照政治动员的机制,如制度机制、运行机制、评价机制、反馈机制、策略等切入。本书的构架则与此不同,由于法治建设的政治动员环境是动员得以发生的外在条件,并非内在要素,所以,尽管有学者认为动员环境也是动员系统的构成要素,但应只在法治系统内设置其组成要素。② 因此,本书将从五个要素构建法治中国建设政治动员的理论分析框架。(1)法治建设政治动员的主体权威。即由权威等级体系构成的政治动员主导者,是我国当前推进法治的主导性政治力量,其在法治下面临着特定的压力,内聚性的意识形态、扩张性的组织网络和体制化的权力结

---

① 路阳:《政治动员、群众运动与中国国家建构——毛泽东时代中共政治动员述析》,《中共杭州市委党校学报》2013 年第 2 期。

② 参见杨小明《政治动员的功能新探》,《浙江学刊》2012 年第 1 期。

构决定了其具有强大的凝聚政治资源的能力,对于通过政治动员弥补公共资源的不足,推进法治中国建设发挥着决定性的作用。(2)法治建设政治动员的"主体—对象"互动。即法治建设政治动员对象虽然是被动员的相对方,但动员主导者与动员对象之间不是单向的"输入—接收"关系,在法治的框架中,动员对象具有法律上的主体性,因而二者之间形成了一种互动反馈关系,将"低权利高义务""大权力小责任"的配置转化为权利义务、权力责任平衡的关系。(3)法治建设政治动员的方式手段。从类型化的角度看,法治宣教、组织控制、利益整合等动员方式均需透过意识形态发挥作用,反向动员现象也会随着新媒体的出现而出现。(4)法治建设政治动员的认同聚合。在法治的压力下,政治动员主导者面对合法性流失的问题,通过目标设定,积极建构法治议题和法治意识形态,并通过动员对象的法治认同来增强政治认同。(5)法治建设政治动员的行动一致。动员主导者对法治建设的政治动员只有在事实上形成一个递进的"意识—机制—行动"逻辑才能达到行动一致的效果,但法治的理论供给与制度供给之间存在差距,法治的运行需要社会资本的支撑。

总的来看,由主体权威、"主体—对象"互动、方式手段、认同聚合及行动一致这五个要素组成的理论结构,围绕动员主导者自身凭借何种能力或资源、与对象建立何种关系、依靠什么样的手段方式、设定何种目标与对象达成共识和获得认同,最终实现两者之间的行动一致这样的逻辑,试图解释法治中国建设政治动员的内在机制。[①] 而要处理法治中国建设与政治动员之间的矛盾性共生关系,还要求助于法治本身的功能性、制度性作用的发挥,只有让法治成为习惯,才能实现从善法再到善治的跨越。

[①] 参见杨正军、张纵远《中国共产党政治动员研究的回顾与展望》,《云南行政学院学报》2018年第3期。

第二章　法治中国建设动员的主体权威

现代化历史表明，绝大多数后发国家的成功现代化，都是在中央政体的领导下完成的，这可能与现代化得以实现的外在环境有密切的关系。"现代化需要一个稳定和有秩序的环境，经验和理论表明，这样的环境通常是由一个强有力的具有现代化取向的中央政体提供的。"① 这至少表明，在有效推进国家现代化的过程中，中央政体具备着某些优势，而这些优势往往离不开中央政体本身所具备的强大凝聚资源能力。据此，基于法治中国建设的启动和推进采取自上而下模式这一事实，我们做出这样的判断：由于法治中国建设的进程主要是由执政党推动的，这本身就要求执政的政治主体具备足够的能力以推动法治，因此，若推动法治的主体性动力在根本上是执政党，并且执政党在现实中也确实具备推动法治的能力，那么，这种力量究竟是如何构成并发挥作用的呢？对此，从政治动员主导者自身方面可以给出的解释是，政治动员主导者已经完成了权威性建构，从而具备强大的政治资源凝聚能力，为开展政治动员奠定了重要的主体性基础。政治动员主导者的权威性建构之所以重要，是因为"这种权威关系到社会

---

① 高扬：《政治动员与国家治理现代化的三重动力——中国共产党政治动员形态演进的考察》，《上海党史与党建》2016 年第 4 期。

组织网络对动员内容的参与程度，也关系到社会秩序变迁的形态"①。

作为政治动员的主导者，执政党能够成为法治建设的主导力量，其所具备的基本条件包含了价值理念、组织体系和权力框架。这三个基本条件承担的功能是不一样的，价值理念旨在维持意识形态一致性，组织体系则有利于保证动员主导者内部的行动一致性，权力框架对动员能力的实现具有决定性作用。执政党能够在法治中国建设进行政治动员中具备基本条件，与其政治资源凝聚能力所包含的要素是一致的。通常，决定政府与政党凝聚政治资源能力的主要要素包括三个，即决定凝聚资源有无道德感召力或思想支配力的意识形态、凝聚资源效率的组织网络和凝聚资源效果的权力结构。其中，意识形态是维持政治动员主导者内在凝聚力和外在思想影响力的精神要素；组织网络是维持政治动员主导者集体结构的形式要素；权力结构是维持政治动员主导者的外在实质要素。显然，政治动员主导者的三个基本条件所担负的功能，与凝聚政治资源能力三个要素之间的结构关系在实质上具有一致性，它们共同维持了政治动员主导者的权威性。

第一节　灵魂：内聚性的意识形态

意识形态是联结政党组织内部成员的思想基础和精神联结纽带，是党员在意识与思想上认同政党团体的基础。② 一个政党如果不想沦落为松散的临时性团体，就必须得具有核心凝聚力。一个有崇高理想和思想魅力的政党，因为具有使个体党员形成政治与精神认同的思

---

① 蔡志强：《社会动员论：基于治理现代化的视角》，江苏人民出版社 2015 年版，第 29 页。

② 参见权麟春《文化认同视域下的主导意识形态认同》，《云南行政学院学报》2016 年第 5 期。

想，就不会陷入纯粹基于政党的权力资源或者以功利为目的而吸引个体加入的境地。在此意义上，一个真正有力量的政党，首先是一个基于思想意识的个体联结团体，是一个注重意识形态内聚性建设的政党。这种思想意识，在政党团体中会凝结为一种特定的意识形态。法治中国建设的政治动员主导者，在意识形态上具有内聚性的特点。这种内聚性表现为政治动员主导者具备强大的思想领导能力，即思想凝练能力、思想实践能力和思想动员能力。

一　强大的思想领导能力

法治中国建设的政治动员主导者，拥有强大的思想领导能力。思想领导能力的强大，不在于思想本身认识世界时的理论解释力有多强大，而在于执政党能够有效将思想能动性地渗透到动员对象乃至所有社会成员当中，将思想投入实践从而实现思想的能动化，并能够依靠思想对动员对象进行动员。因此，思想领导能力，实际上主要体现的是法治中国建设的政治动员主导者的思想在理论、社会与政治三个层面的功能整合。

（一）理论层面的思想凝练能力

在理论层面，政治动员主导者的思想领导能力在功能上主要体现为思想凝练能力。从词源上来看，意识形态（ideology）本来就是"观念体系"：意识形态不是普通的观念，而是成体系的观念，体系化的观念已经摆脱了观念的粗疏和碎片化状态。① 将观念上升为观念体系，最关键的步骤是将观念系统化或理论化。将普通观念系统化为理论，是一种在理论层面的观念提升，体现了对观念的思想凝练，显示了政治动员主导者的思想凝练能力。例如，作为意识形态的一部

---

① 参见侯惠勤《意识形态的变革与话语权：再论马克思主义在当代的话语权》，《马克思主义研究》2006 年第 1 期。

分，继依法治国，建设社会主义法治国家被作为国家战略提出后，法治理念在演进过程中发展为目前的"中国特色社会主义法治理论"，就是执政党与国家不断进行理论思想凝练的结果。而中国的政治动员主导者，由于理论特质上的无神论色彩，其所提出的意识形态并不诉诸超验的神圣权威，之所以能够体现出强大的力量，是因为这种意识形态是由政治权力支撑的。这也就意味着，意识形态一旦具有国家意志的属性，便对外在世界拥有相当程度的强制力。

(二) 社会层面的思想实践能力

在社会层面，政治动员主导者的思想领导能力主要体现为思想实践能力。如果说思想凝练能力体现了政治动员主导者认识世界的能力，那么，思想实践能力则体现了政治动员主导者灌输思想效果的能力。从社会层面来看，有效的意识形态必须具备回应社会的能力，能够为社会实践提出的问题提供解决策略，从而实现思想对社会实践的指导，并且也只有在有效回应社会实践的过程中，意识形态才能证明自身的存在价值与合理性。例如，法治的中国式表达显示了国家对社会实践的反思，学者李步云所做的总结即体现了这一点："我国三十年的历史经验表明：重视法治时，国家就稳定、就巩固，经济就发展；忽视法治时，国家就混乱，经济就停滞不前，甚至倒退崩溃。这一无可辩驳的历史事实向人们揭示了一条客观真理——以法治国，势在必行。这是人民群众的心愿，是社会发展的规律，是我们在新的历史时期建设社会主义现代化强国的必由之路。"[①]

(三) 政治层面的思想动员能力

在政治层面，政治动员主导者的思想领导能力主要体现为思想动员能力。从认识世界到改造世界的跨越，需要借助人的行动才能

---

① 李步云：《论法治》，社会科学文献出版社2015年版，第7—8页。

完成。意识形态的一个重要意义在于，政治动员主导者可以依凭意识形态对动员对象发挥作用。凭借思想动员能力，政治动员议题的发动可以通过思想观念对组织成员进行意识形态的培育。由于政治组织与政治组织成员之间存在着意识形态的思想联结，具有意识形态认同基础的政治动员显然更易激发动员对象的政治热情，也有利于将思想观念转化为动员对象的行动。所谓的思想动员能力，其实主要就是依托意识形态进行政治动员的能力，这在客观上也说明意识形态具有政治动员的功能。意识形态的政治动员功能主要体现在两个层面：首先是基于思想观念的意识形态动员，强调作为价值共识的意识形态在本质上对党员具备道德感召力，因为只有具备了道德感召力，意识形态才会对党员的政党集体认同形成思想上的支配力；其次是借助意识形态的国家机器的能动性"冲锋在前"，国家机器在后面决定方向和力度。

二 基于思想观念的意识形态动员

基于思想观念的意识形态动员，在实质上是一种以价值共识为基础的思想动员。意识形态是一种观念体系，这种观念体系首先在政党内部成员间形成价值共识。价值共识是上述主体形成思想凝聚力的前提条件。也正是以价值共识为基础，意识形态才能由政党内部成员向社会扩散，进而形成全社会的价值共识。

（一）意识形态的道德感召力

从观念上来理解，意识形态是观念体系；从政治上来理解，意识形态则主要是关于政治的观念体系；从道德上来理解，意识形态则是关于政治道德的观念体系。无论意识形态是不是价值共识的结果，都至少带有形成党内价值共识和对外传播价值共识的目的。因此，作为价值共识的意识形态必然具备道德上的感召力。这也就意味着，意识形态在具备道德解释力的同时，还要具备道德吸引力，能够首先在道德价值上吸引和征服它的成员，并进而通过扩展效应对社会一般成员产生价值吸引和感召。从本质来看，意识形态本身就是一种在精神思想层面联结社会成员的最直接的方式。意识形态要发挥凝聚动员主导者内部成员及社会成员的价值共识作用，不是因为其可能具有的思想强制力，而是因为其具备道德感召力。道德感召力是意识形态作用于主体的先决条件。所以，基于思想观念的意识形态动员，应该首先是从意识形态的道德感召力出发的思想动员。

（二）意识形态的道德支配力

在积极的意义上，意识形态具备的是道德感召力；在消极的意义上，意识形态具备的是道德支配力。仅有道德感召力的意识形态是不完整的，因为其在发挥价值共识凝聚的作用之后，无法持续实现价值共识的维持功能。要实现价值共识的维持，意识形态的道德支配力就是必不可少的。意识形态的道德支配力可以是无形的，借助思想观念本身发挥作用；也可能是有形的，借助一些物质载体实现。掌握了国家政权的政治主体的意识形态，就可以借助国家机器实现思想道德层面的支配力。政治团体的意识形态主要在团体成员中传播，所以，意识形态动员首先是对团体成员的动员。但是，当一个政治团体特别是这个团体执掌国家权力的时候，就可能借助国家机器进行意识形态动员。这也就是说，一旦执政团体能够借助国家机器来进行意识形态的动员，意识形态的道德支配力就可以发挥更大的作用，从而形成更强大的政治动员能力。

三 借助意识形态国家机器的意识形态动员

马克思主义理论家阿尔都塞（Louis Pierre Althusser）"修正"和"发展"了马克思的国家理论，在推进葛兰西的文化领导权理论的基础上,提出了著名的意识形态国家机器理论。他的理论对于我们理解意识形态国家机器的政治动员功能,具有重要的启发意义。

(一) 理论上的国家机器概念区分

阿尔都塞在"发展"马克思的国家理论过程中,对维持生产关系再生产的政治条件这一问题作出了理论贡献。他区分了国家政权和国家机器,并进一步将国家机器区分为"意识形态国家机器"和"强制性国家机器"(镇压性国家机器)。"意识形态国家机器与强制性国家机器的基本差别是:强制性国家机器'用暴力手段'发挥其功能作用,意识形态国家机器则'以意识形态方式'发挥其功能作用。"[①] 强制性国家机器与意识形态国家机器的区分不是绝对的,强制性国家机器通常带有意识形态功能;意识形态国家机器往往需要附着于强制性国家机器。从阿尔都塞的理论来看,强制性国家机器和意识形态国家机器都是维持生产关系再生产的政治条件。强制性国家机器只有一个,即传统的军队、警察、监狱等国家暴力机构;意识形态国家机器则有许多个,宗教、教育、家庭、法律[②]、政治(或政治系统,包括各个党派)、工会、传播媒介、文化等机构都属于意识形态国家机器。意识形态国家机器通过传播发挥政治意识教育与合法化的作用。由于法律与政治(系统)与法治关系最密切,并且又都属于意识形态国家机器,因此,法治就与意识形态有着极为密切的关系。在某种意义上,可以说法治本身就是意识形态的一个组成部分。

---

① [法]艾蒂安·巴里巴尔:《阿尔都塞和"意识形态国家机器"》,吴子枫译,《现代中文学刊》2013年第2期。

② 阿尔都塞认为法律具有双重性,既属于强制性国家机器,也属于意识形态国家机器。

（二）方式上的国家机器合力作用

强制性国家机器与意识形态国家机器在政治动员上发挥作用的具体方式是不一样的，存在着"显"与"隐"的区别。① 从作用形态上来看，对于普通人来说，强制性国家机器的存在是显性的，但其意识形态动员作用却是间接的；而意识形态国家机器，特别是国家暴力色彩体现得极不明显的家族、文化等，其意识形态动员作用是直接的，但其强制性则是被隐藏起来的。不过，从作用方式上来看，强制性国家机器的意识形态动员功能是消极的，这是因为只有在动员对象的行为违反意识形态标准时，强制性国家机器才会间接发生作用，并且往往不会以意识形态的名义；而意识形态国家机器则是直接积极地进行意识形态动员，其强制性更多地体现在思想意识领域，以及与其密切相关的言论、出版、集会等表达方式上。从通常的政治动员方式来看，无论是强制性国家机器还是意识形态国家机器，都要在政治动员方面发挥作用，意识形态的政治动员往往是两者合力发挥作用的结果。

第二节 体系：富有活力的组织网络

组织网络是政治动员主导者维持集体结构的形式要素，对于提高和凝聚资源特别是人力资源的效率和效果有着重大的影响。作为政治动员主导者的执政党，尽管是以政党的整体面目出现的，但是其自身的行动，特别是政治决策的执行活动，却必须借助自身的组织网络才能有效完成。政党的意志，最终要由政党的中枢机构通过组织网络传

---

① 强制性国家机器与意识形态国家机器具体作用方式的差别并不影响二者都可以发挥积极的作用。除此之外，两者的具体目的也不同，一个着眼于现实的稳定，一个着眼于长期效果。

达给每一党员个体,也正是借助组织网络,党员个体被纳入和整合进政党群体,从而有效地传达和执行政党的意志和决策。不过,不同政党的组织网络形式存在着差异,这也导致不同政党凝聚政治资源的能力表现不一。

政治动员主导者的主观条件主要有"身份资格(包括社会地位、声誉)、政治威望、组织"①三项,"组织"因为具有建制性特点而在其中占据着特别重要的地位。作为政治动员主导者的执政党在建制上不但出现了"组织"形态,而且形成了庞大的组织网络。一个可以将八千万党员有效组织起来的网络,一个可以通过政党组织将全民都动员起来的组织网络,必然具有强大的生命力,必然有着超凡的组织结构。中国共产党的组织网络结构是由两大体系组成的,一个是政党自身针对全体党员的网络结构,一个是将政党组织与政党之外的组织及民众予以联结的网络结构。这个组织网络结构的一大优点是,政治动员主导者可以通过网络实现有效的组织化管理。实际上,借助强大的组织网络,执政党可以通过组织化管理实现最大规模与最大程度的政治动员。

一 执政党内部的组织结构

从总体上看,执政党内部的组织结构体系不是平面结构,而是纵横交织的网状结构,除顶层和底层外,每一层级在横向上都存在着内部的平行关系,在纵向上都存在着隶属与被隶属的关系。从实质上看,这个网络结构纵向上呈现为金字塔式的垂直结构,具有现代科层制的组织结构特点。因此,这个组织结构最终形成的是一个金字塔式的垂直性网状结构。"垂直的组织控制结构的建立,成为中共进行有

---

① 马润凡:《1947—1949 解放区土地改革的政治社会学分析》,《党史研究与教学》2005 年第 2 期。

效政治动员的重要组织保障。"① 从政党的层面来看，各级政党组织都是政党最高决策与意志的执行机构。那么，这又是通过一种什么样的组织机制实现的呢？根据党章，执政党的民主集中制原则的首要原则给出的答案是："党员个人服从党的组织，少数服从多数，下级组织服从上级组织，全党各个组织和全体党员服从党的全国代表大会和中央委员会。"

（一）中央组织、地方组织与基层组织

在执政党内部的金字塔式垂直组织结构体系中，处于顶端的是中央组织，处于底层的是基层组织，处于两者之间的是各级地方组织。中央组织主要负责领导与管理全局性的事务，是党内重大决策的制定与输出机关。比如"党的十八届四中全会决定"就是由中共中央这一最高中央组织做出的，因此该决议对于党的各级组织和全体党员均具有效力。这意味着，至少在执政党的组织结构体中，法治要求是普遍有效的。党的基层组织是党的组织体系的细胞，也是党内各项决策的执行者。处在中央组织与基层组织之间的各级地方组织，其角色则是双重的，既是地方党务的领导者和基层与地方党务的上传者，也是中央组织决策的执行者和下达者，具有上传下达、连通上下的作用。

在执政党的中央组织和地方组织中，一些相关部门所承担的职能会涉及法律或法治事务，并且存在着政法委这一专门管理与法律或法治事务相关的部门。在基层组织中，虽然不存在专门的政法部门，但作为国家事务一部分的政法事务，基层党组织在行使各项管理职能时必然会有所涉及。

（二）上级组织与下级组织

"基层组织—地方组织—中央组织"这一自下而上的升层结构自

---

① 路阳：《政治动员、群众运动与中国国家建构——毛泽东时代中共政治动员述析》，《中共杭州市委党校学报》2013年第2期。

然包含着下级组织与上级组织之间的关系。但上级组织与下级组织之间的关系不只存在于作为整体的"基层组织—地方组织—中央组织"的组织网络结构中，还存在于各组织内部因具体业务而形成的组织机构之间的上下级关系中。如省委与市（地级市）委之间的上下级关系、省委与省委政法委之间的上下级关系属于前者，省委政法委与市（地级市）委政法委之间的上下级关系则属于后者。除此之外，在上级组织与下级组织之间，还会进一步衍生出下级组织同上级不同组织之间的交叉关系，如市（地级市）委宣传部同省委组织部，两者分属不同层次的地方组织，在业务上并不存在直接的领导关系，但在组织层级上两者仍然存在一定的级别高低关系（不一定是上下级）。

当然，每一层级内部不同组织部门之间的关系不能笼统地用上下级来说明，如市（地级市）委下属的组织部门、宣传部门、政法部门等就不是上下级关系。不过，由于这些组织有共同的隶属上级，各平行组织之间横向的平面结构就在根本上受制于纵向上的上下级关系。这一点是非常重要的，因为在一个上级对不同的平行下级具有高度支配和控制的组织结构中，出现下级组织失控危险的可能性相对要低得多。显然，这样的组织结构对于自上而下的政治动员明显是有利的。

（三）党组织与党员

就党员与党组织的关系来看，每个党员都有自己的组织系属，无论职务高低，每个党员都会毫无例外地被编入党的一个支部、小组或其他特定组织。这也就意味着，至少从组织结构上看，组织上的系属关系将党员个体牢固地置于党的组织结构体系当中，任何党员在理论上都不可以脱离党组织的支配而肆意行事。因此，就党员与党组织的关系而论，中国共产党的组织成员之间不是松散的聚合，而是通过组织网络极其密切地联结在一起。从政治动员能力来看，借助党组织与党员之间的联结关系，党可以有效地将自己的决策和意志传达给党员，并通过组织的领导、监督等功能，对党员进行有效的政治动员。由于组织结构网络的存在，党组织对党员的政治动员能力被大大地延伸了，借助政党的组织网络，党组织甚至可以将政治动员更进一步地延伸至政党之外的组织和个人。

（四）作为临时机构的"领导小组"

有时，党组织还会临时建立一些非建制性的组织机构，比如各种"领导小组"。这些"领导小组"承担或管理的事实往往是综合性的，因此大都具有协调功能。"领导小组"可以协调党的各相关部门，可以协调政党与政府，甚至可以协调政党与其他国家机关、社会团体与组织等。如，为了协调和推进法治建设事业，中国共产党在省一级及以下的党组织内部就设立了很多不同级别的"法治建设领导小组"，为了完成"法治政府"的建设任务，很多政府也会在内部设立"法治政府建设工作领导小组"等。各"法治建设领导小组"或"法治政府建设工作领导小组"的协调与动员能力是不一样的，其协调与动员能力往往要视"领导小组"组长的党内行政职务或级别而定。就此而言，这些"领导小组"所涉及的工作事务必然和社会管理（或社会治理）有着千丝万缕的关系。据报道，2014年，全国在"依法治国"的名义下一次性清理了13万多个作为临时机构的"领导小组"，遗憾的是，我们并不知道其中有无或有多少有关法治的"领导小组"。

"领导小组"作为领导机构，其具体事务的进行必然要通过可具体化的部门或特定个体来实现。具体化的部门是建制性的组织机构，至少应该按照科层制的要求进行规范化运作，而领导或协调具体部门的"领导小组"却并非如此。也可以这样说，由于非建制性的原因，领导或协调具体工作部门的"领导小组"其实是在法律规范之外运行的,"领导小组"尚未被纳入法治的轨道。"领导小组"虽然未必不按法治行事,但在制度上却是处于法治之外的。

二 执政党与党外主体的组织联系

执政党的内部组织网络体系并非只在政党内部发挥作用,通过组织体系的组织化控制功能,政党的组织化范围可以从党内进一步延伸到政党外的组织以及普通民众。执政党所具备的组织扩张能力,大大扩展了可动员对象的范围,为执政党通过意识形态国家机器进行全民政治动员提供了可能条件。

(一) 政党组织与关联组织

中国共产党是列宁主义式的政党,这不仅是因为其以列宁主义作为意识形态的指导思想之一,还在于中国共产党在组织结构上本来就是按照列宁主义的建党原则组建起来的。"列宁主义政党的一个重要特征是在党的组织周围还有一系列处于外围的关联组织,这些组织能够有效地执行党的意志,贯彻党的方针。在国家权力的扩张方面,列宁主义政党的这些外部组织能够发挥重要作用。"① 工会组织、妇联组织、共青团组织、残疾人联合会组织等,都属于典型的党的关联组织,拥有相应的级别是这些关联组织与党组织具有密切关系的重要标志。这些关联组织通常都与特定的群体相联系,政党本身就是拥有党员身份的人的集合,通过政党的组织系统,政党发动的政治动员可以向关联组织延伸与扩展,从而扩大政治动员的组织范围边界。

党组织也可以通过关联组织,进一步动员关联组织所联系的特定群体或其中的个体。例如,基于中国党与国家的同构性关系,中国在中华人民共和国成立初期对农村社会农民群体的动员,就是通过党组

---

① 韩琦、宋琳:《作为一种国家建设模式的列宁主义——基于政治发展的审视》,《西北农林科技大学学报》(社会科学版) 2013 年第 6 期。

织与关联组织的共同作用完成的："必须借助党组织和妇联等基层组织，通过这些基层组织将分散的农民组织到政治共同体中，动员、引导和推动他们实现党和国家的目标。政治动员网络的构建为党和国家向乡村社会的全面渗透提供了力量来源和保障。"① 通过党组织与关联组织，中国共产党彻底实现了国家对农村社会的整合，为国家从农村有效地汲取资源奠定了基础。与中华人民共和国成立初期的社会状况不同，当前的法治建设政治动员是在执政党的组织网络已经全面覆盖社会的前提下展开的全民动员。党组织在动员普通民众时，既可以是党通过各级组织对民众直接进行动员，也可以是党组织通过关联组织进行动员。而那些与法治有着密切关系的"单位"，例如，受教育部门主管、具体内容却属于政法部门管理的法学院、校、系，在某种意义上也具有作为政法组织派生物的特点。

（二）政党组织与民众

政党本是社会的一个特定政治集团，政党同社会一般成员的联结主要是通过政党的基层组织来实现的。没有政党的基层组织，政党组织与民众的联系是无法建立和维持的。中国共产党的成功历史表明，党之所以具备如此强大的力量，与其具备独特的组织形态有着密切关系，通过内部的各级组织，特别是通过基层组织深入社会之中，党建立起了基层组织与社会的密切联系，有学者将这种模式概括为"嵌入式的基层建党模式"②。三名以上党员即可成立党支部，这样的基层党组织建制化可以为政党组织嵌入社会各个角落提供最细小的组织细胞，从而在最广阔的范围、最具体的领域内实现政党对社会成员的支

---

① 冯兵、刘光辉：《新中国成立70年来中共妇女动员研究的回顾与展望》，《兰州学刊》2019年第8期。

② 彭勃、邵春霞：《组织嵌入与功能调适：执政党基层组织研究》，《上海行政学院学报》2012年第2期。

配。由于政党基层组织建制的普遍性，单个政党基层组织单位对社会成员最小数量的嵌入，都有可能借助这种标准化的组织附着，将社会成员吸附于政党组织，从而就可以进行最广泛、最深入的社会动员。从法治建设的政治动员来看，法治能够在最短的时间内被动员起来，并且被有效传递到每个普通社会民众，与政党庞大而有效的基层组织网络有着密切的关系。

三　政党管理社会的组织化模式

中国法治建设的政治动员体现了政党管理社会的组织化模式。正式的成建制的党内组织和非正式的关联组织都可以充当政治动员的有效组织，政治动员主导者可以借助这一组织网络体系进行社会控制。事实上，无论是正式的党内组织还是非正式的关联组织，无论是通过正式的组织手段还是非正式的组织手段，政治动员主导者通过吸纳民众，"形成一个包罗所有人的大网，在这个包括所有人的大网中，通过各种组织控制和民众的相互监督来形成跟风心理，从而控制人际关系网络，保证行动的一致"①。当然，存在不确定性的是民众的相互监督和组织控制必然会形成跟风心理，但由此控制人际关系网络却是可以做到的，党组织和群众的监督是主要的控制介质。例如，单位制是政党通过组织管理社会的一个缩影。单位制在这些年来虽然有所松动，但长期以来形成的单位制管控，特别是单位制背后的组织模式，并没有随着单位制的转型而消失，仍然在发挥着作用。

执政党实施法治建设进行政治动员的有效性，实际上依赖于多年来形成的政党通过组织管理社会的模式，具体表现为："党首先动员

---

① 杨正军：《左右江革命根据地中共政治动员要素的历史考察》，《广西社会科学》2017年第6期。

其隶属的各级党组织，然后通过各级党组织在社会组织中的核心地位和领导力量再动员和推动其组织成员。这样，党的组织成员就将社会分工的各个部门、各类组织全部纳入党及其力量的延伸——政府活动的轨道，使它们成为党组织的附属物和政治过程的一个环节。"① 这种组织网络结构的最大优点体现在动员效率和执行力上面。例如，2003 年的"非典"疫情与 2020 年的新冠肺炎疫情能够在很短的时间内得到有效控制，执政党组织网络体系的存在功不可没。

第三节　保证：支配性的权力结构

权力结构是政治主体的实力基础，决定着其凝聚政治资源的效果。权力结构是政党内部的权力支配结构，权力结构的不同，会导致权力体系在支配力的大小和支配范围上产生差异。政党内部的权力结构，会影响到其支配对象的权力结构，甚至呈现出同构性的面貌。若政治主体与国家或其他组织出现了主体性的重叠，那么，政党的权力结构甚至可能会支配或取代其他权力结构的支配力。若政党的支配力可及于国家或其他组织甚至个体，那么，上述权力结构的支配或取代现象就会变得更加明显和广泛，对社会的支配力也就更大。

"当代中国权力结构的形成受到两个重要因素的影响：一是政权建设是通过革命的方式进行的；二是中国共产党是政权建设的组织和领导力量。"② 执政党的组织网络是一种适宜集中权力并导向权力集中的组织结构，因此，拥有这种组织结构的政党，必然是权力集中在

---

① 左玉珍：《中国共产党政治动员的绩效及其评估——基于"1921—1966"的中国政治发展视角》，《中共福建省委党校学报》2008 年第 12 期。

② 王邦佐、谢岳：《政党推动：中国政治体制改革的演展逻辑》，《政治与法律》2001 年第 3 期。

握的政治主体。也可以说，导向权力集中的组织网络和被组织网络强化了的权力集中，是一种相互促进的关系。由于党的基层组织主要是嵌入社会，而中央组织与地方组织则是在独立中嵌入国家的机构体系，这便产生了政党权力与国家权力的同构现象。政党权力与国家权力的同构，使得政党借助意识形态国家机器的政治动员能力得到了进一步的扩张。

一 政党组织对国家机构的嵌入

（一）执政党的权力结构

"我国政治权力系统包括党的权力系统和国家权力系统。党的领导地位使党的权力系统在独立于国家权力系统之外的同时，也'嵌入'了国家权力系统之中。"① 执政党的权力结构可以在理论表述和实际运行两个层面进行观察：在理论表述的层面，党的政治权力主要表现为执政中的领导权与领导中的执政权；在实践运行的层面，则表现为国家权力机构在上级党委领导下开展工作以及内部设立党组，即党委与党组两套权力系统。② 党委权力系统体现了政党权力对于国家权力的独立性，党组权力系统则体现了政党权力对于国家权力的嵌入性。政党权力与国家权力的这种复杂关系，使得政党权力形成为体制化的权力结构。

中国近现代意义上的国家，即中华民国和中华人民共和国都是政党推动、主导建立的。建构中华民国的国家权力结构时，至少在中央的层面，孙中山通过改组国民党的中央权力部门，以此充任国家层面

---

① 郭万敏：《权力法治的内涵、价值逻辑与推进路径》，《宁夏社会科学》2019年第3期。
② 参见陈金钊《"法治政治"及其实现的方法论》，《贵州民族大学学报》（哲学社会科学版）2017年第5期。

的"五权"(孙中山理论中的"五权"宪法)结构。中国共产党实际上延续并改造了孙中山的"以党建国"模式,通过政党的组织建构建立起国家的整个权力结构。但中国共产党并非完全用政党的组织取代国家权力结构体系,而是在保持诸多党内部门独立的前提下,在国家权力结构中嵌入党的组织,嵌入的方式主要是通过组织安排,将政治精英安排进国家权力结构中充任领导职务。这种嵌入带有与国家机构设置的重叠性,而高度重叠性恰恰是列宁主义政党的一个重要特征。通过重叠性的权力体制,列宁主义政党与国家在主体身份上的差别,实际上在权力行使的层面上被一定程度地模糊甚至是抹除了,而这样就会使政党权力与国家权力的关系进一步复杂化,从而在稳固权力体制的同时使其更加刚性化。

(二)政党权力与国家权力的同构性

政党结构设置与国家机构设置之间的高度重叠性,是一种组织结构上的重叠,这种重叠又会强化政党权力与国家权力的同构性,从而在国家权力与政党权力之间形成一种难以厘清的关系。这种复杂关系,可以表现为两者之间的相互支持关系:"在推进国家权力的渗透和扩张方面,列宁主义政党一方面能够发挥它意识形态灌输和宣传的特长,为国家建设营造良好的舆论环境和思想基础;另一方面它的自上而下的权力运作模式也能够为国家建设的展开提供体制上的保障。"[①] 但是,由于两者太过交叉重叠,在实际运行中很难区分各自的功能和范围,而政党权力与国家权力的这种难以区分的状态,在保证政治动员效率和效果的同时,也会带来一系列的负面后果。因此,如何在保证两者密切关系的前提下,有效地通过制度建构来确立各自的边界,就是一个会对权力的运作实践产生重大影响的关键问题,因

---

① 韩琦、宋琳:《作为一种国家建设模式的列宁主义——基于政治发展的审视》,《西北农林科技大学学报》(社会科学版)2013年第6期。

为权力的配置始终是政治的核心问题，处于政治系统中的各主体之间的关系也将在根本上受制于这种权力配置状况。

二 以法律为标准的权力划分

（一）政党权力与国家权力的法律区分

在建立国家之后，执政党逐渐意识到对于政党权力与国家权力进行划分的重要性，这一点在法治建设过程中被更为明确地提了出来，并且在根本上受制于对党的领导的实质性理解。"从党的权力的理论表述来看，首先，党的政治权力表现为领导权，这种权力以人民的自觉追随、认同、拥戴、服膺为标志；而国家权力则是以强制服从为标志的法律权力，这应该是政党领导权与国家权力的根本区别所在。其次，党的政治权力表现为执政中的领导权和领导中的执政权。"① 坚持党的领导，主要是坚持党的政治领导、思想领导和组织领导，而不是党借助组织网络及与国家权力的同构关系，通过各级组织直接行使国家权力。将党的领导同党通过各级组织直接行使国家权力进行理论上的区分，实质上是意识在实践中将党的权力与国家权力进行有效切割，以便通过权力划分建立党与国家、党的权力与国家权力之间的合理关系。同时，这又进一步引起了党的领导与执政之间的区分。中国共产党是执政党，党的领导其实是通过领导权依法行使好执政的权力。

党的权力和国家权力虽然可以法律为标准进行划分，但这并不意味着党的权力就不受法律的规制。依法执政，实际上意味着政党权力本身也要被纳入法治的轨道。权力虽然有政党权力与国家权力的区分，但一切权力都要接受法律的规训，一切权力都要被关进制度的笼子，实现普遍法治化。法治通过政治动员来推动，没有政治权力的运

---

① 张立国：《权力运行法治化：国家治理体系现代化的关键》，《吉首大学学报》（社会科学版）2015 年第 3 期。

作是不可能的，但作为推动法治动力因素的政治权力本身亦需要法治化，这是作为政治核心要素的政治权力必须做出的选择。只有在这样的意义上，全面推进依法治国才能够真正实现。

（二）组织结构与权力结构的重叠

体制化的权力结构必然会对法治产生影响。① 政党组织的网络体系结构是一个具有支配力的、垂直而非平面化的结构，平面化的结构可能会体现民主，但在控制力上会相对变弱，并且在资源的汲取与分配上往往不及垂直结构更具有效率和力量。政党与国家机构在组织上的重叠性、在权力上的同构性，实际上会放大政党组织与政党权力结构的政治资源汲取力与社会控制力。因此，"小政府，大社会"的制度结构尽管在调整国家与社会的规模程度上可以发挥作用，但是控制力上却不代表政府对社会的支配力就必然小。也就是说，政府规模与政府能力之间的关系并不是成正比的。"'小政府，大社会'仍然在相当大的程度上延续着'强政府，弱社会'的制度格局，在'小政府，大社会'中，国家仍然保持着对社会经济生活领域相当强大而深入的动员与组织能力。只不过，这种动员与组织的能力往往是在关键的时刻才更充分地表现出来。"② 全面推进依法治国，从国家与政党的强大动员与组织能力中受益，但它们之间存在的一些内在的深层次问题，也会在全面推进依法治国的过程中被暴露出来。

第四节　权威的力量

通过上述执政党内聚性的意识形态、扩张性的组织网络及体制

---

① 参见刘明兴《地方政府的非正式权力结构及其经济影响》，《社会学研究》2013年第5期。

② 余永庆：《公共危机治理中的社会动员问题研究》，《中国市场》2018年第31期。

化的权力结构的分析，我们可以更深入地理解执政党作为政治动员主导者的权威性的力量所在。实际上，法治中国建设是在社会全面转型的时代发生的，且并不是在国家无力组织社会的背景下启动的。换言之，中国当前的法治建设绝非纯粹"自生自发秩序"的结果，而是作为执政党的中国共产党依据现实状况极力推动的。① 实现治理体系与治理能力的现代化，是中国共产党提出的国家治理转型的基本目标。从运动式管理向法治化治理的国家治理转型，从表面上看似乎是一种治理技术、方式的转型，但我们不能仅仅局限在此意义上，而是要越出技术、方式的层面，从政治意义上加以把握。法治所反映的国家政治主体意识，在更深的层次上体现为政党（执政党）的政治主体意识，并且其建设的思路、内容、目标在根本上决定于执政党这一政治主体。② 在此意义上，中国共产党提出的法治政府、法治国家与法治社会的一体化建设，实际上明确表达了法治背后所隐含着的深刻政治含义。由执政党透过国家机体所形成的政治主体，正是法治中国建设的政治动员主导者。由执政党领导国家走向法治现代化的过程，正说明了执政党在法治中国建设的政治动员中充当着主导者的角色。

在中国，由执政党所推动的法治运动需要借助执政党本身所具有的权威进行动员，这种权威更多地体现为它掌控意识形态、组织网络和权力结构的能力，也就是凝聚政治资源的能力。意识形态、组织网络与权力结构三要素的有机结合，是执政党对中国法治建设进行政治动员的优势所在。在法治状态中，一个最基本的要求是法律应当拥有

---

① 参见康欣《地位认知、权力结构与国际冲突》，《世界经济与政治》2012年第2期。
② 政治主体是指所有政治权力和权利的所有者，实际上就是指未被依法剥夺或限制权力和权利的全体公民。当然，政治主体可以分为不同的类型，公共权力的掌握者、政治精英、普通民众，组织化政治主体如政党、公民团体，以及个人，等等。

最高的权威。这就对上述组合体中的要素提出了合法性的要求，从而对执政党的意识形态、组织网络与权力结构产生影响，并在整体上使其具备法律权威性的法治化成了必然。因此，在现实与价值之间，执政党的权威与法治的权威就在发生着微妙的动态关系。从执政党与国家权力同构性来看，执政党和国家均是法治中国建设政治动员的主导者，国家同时也就带有政治的权威性特点。对于实现所有社会成员行为法治化而言，政治权威主要体现在两个层面："一方面，人民通常认可国家的政治权威，换句话说，国家有权要求人民以特定方式行为……另一方面，拒绝服从命令者因受法律制裁威胁被迫以特定方式行为。"① 人民以承认（自愿）和被迫两种方式来应对国家的政治权威，实际上反映了人民对于国家背后的政治权威的态度，反映了执政党与国家政治权威本身所具有的凝聚政治资源的能力。② 执政党与国家作为政治动员主导者所拥有的内聚性的意识形态、扩张性的组织网络和体制化的权力结构，正在现实地影响着当代中国的法治建设的进程，表达着法治中国建设过程中执政党、国家同法治之间的密切关系。

---

① David Miller, *Political Philosophy: A very short Introduction*, Oxford: Oxford University Press, 2003, p. 20.

② 参见季卫东《论法制的权威》，《中国法学》2013 年第 1 期。

第三章 法治中国建设动员的"主体—对象"互动

全面推进依法治国意味着法治不仅是执政党的事情，也是全社会的事情。党的十七大提出的"党委领导、政府负责、社会协同、公众参与"的公共治理结构，已经充分说明在公共治理转型中国家并非在唱独角戏。那么，在法治中国建设政治动员过程中，作为动员主导者的国家与动员对象之间又是一种什么样的关系呢？对此，可以做出的基本回答是：在政治动员所联结的主导者与动员对象之间，仅仅从动员这个动词来看，似乎动员对象相对于政治动员主导者处于被动的地位。然而，从来就没有单纯的政治动员对象，只有从政治动员主导者与动员对象之间的关系入手，才能全面理解政治动员对象。无论是追求法治，还是对法治建设进行政治动员，虽然政治动员主导者与动员对象在动员过程中会发生关系、角色等的变化，但有效导向动员对象与主导者之间的内在一致，形成两者之间的良性互动，都是一个极为重要的问题。

从政治动员主导者与对象的关系看，政治动员机制的运行实际包括两个过程：一个是政治动员主导者针对动员对象的动员行为，在此过程中，动员目标通常由动员主导者确定，并由其通过各种动员手段对动员对象进行动员；一个是动员对象对于动员主导者进行回应，在此过程中，动员对象受动员手段的影响并做出相应的行为，从而被卷入政治动员活动。有学者认为："在政治动员的运行中，第一个过程是主导性的，第二个过程是从属于第一个过程的，它实际上是一种动员式的政治参与过程。而且后一过程往往通过动员绩效反馈于动员主导者，从而实现两个过程的交互作用。"① 在纯粹的理论模型中，政治动员与政治参与在社会大多数成员的地位、政治行为方向、实现途径与特征上，表现为客体地位同主体地位、自上而下同自下而上、被动行为与非制度化特征同自愿行为与制度化特征的区别。② 但是，纯粹的理论模式虽然有助于理解实践中的社会动员过程，甚至可能提供一个有效的解释与分析框架，却很难表现出与现实政治动员过程的完全一致性。在某种意义上，政治动员的理论分析框架都具有纯粹的、简单化的色彩。不过，纯粹的理论模式仍然是不可缺少的分析工具。利用政治动员过程的分析框架，可以分析动员主导者与动员对象之间的双向互动关系。从政治现代化的角度来看，以民主政治为基本趋势和要求的现代政治必然体现为一种动员主导者与对象的"回应"关系。③ 法治中国建设的政治动员要适应回应的制度诉求，在动员方式等方面做出革新、凸显动员对象的主体性地位，塑造法治的权威，实现从单向动员向互动动员的转变。正是在这样的背景下，需要重新审视群众路线的法治意义。在法治下，群众路线即要实现党同人民群众沟通逻辑的国家制度化与规范化。

---

① 黄立丰：《改革开放以来党的农村政策动员的价值趋向——从"温饱"到"幸福"的演进逻辑》，《理论月刊》2019 年第 2 期。

② 在田舒所列的表格中，政治动员与政治参与在实现途径与特征上，表现为自愿行为、制度化特征同被动行为、非制度化特征的区别，似乎将两者的关系颠倒了，可能系笔误。参见田舒《从全能主义到后全能主义：政治动员模式的变迁》，《理论界》2013 年第 4 期。

③ 参见杜宴林《法治模式中"合作社"的文化动员》，《当代法学》2007 年第 4 期。

第一节　动员对象的法治主体性

法治中国建设政治动员的基本特征是自上而下的，但这并不意味着动员主导者对动员对象自上而下实施的动员就可以有效地实现。① 政治动员实际上是一个在动员主导者与动员对象之间进行的双向互动过程。这个双向互动过程，就是法治社会化的过程。借助于法治社会化，法治动员对象得以确认自己的法律主体性身份，建立对自我的身份认同，并塑造法治人格。

一　"动员主导者—对象"的双向互动

法治动员中"主导者—对象"之间的双向互动，并不是说因为动员是双向展开的，从而动员主导者与动员对象之间的主体界限就不再明朗，而是说在动员主导者进行法治动员后，动员对象对于法治及通过法治对动员主导者做出的反应，与主导者的动员在方向上是相向的，并且相互作用。仅仅基于这种基本的双向互动关系，就不能只是将动员对象看作动员主导者的被动反应对象，动员对象本身就是主体，并且由于处于法治的框架中而具有与动员主导者平等的法律主体身份。

（一）法治动员的双向性

仅仅因为动员主导者与动员对象这样两个概念，就容易引起人们关于两者之间关系的误解。通常，"主导者—客体（或对象）"这一对范畴中隐藏着人们对于他们之间的"主动—被动""支配—服从"等类似关系的预设，特别是当对政治的理解还停留在单向的统

---

① 参见李路路《权威阶层体系的构建：基于工作状况和组织权威的分析》，《社会学研究》2012年第6期。

治关系时更是如此。① 现在，学术界对于政治动员过程的一个基本理解是，动员主导者对于动员对象的动员过程是一个双向互动的过程。如果把民众看作动员对象的话，那么，政治动员主导者与作为动员对象的民众的双向互动过程，"对前者而言，是获取民众资源来为政治服务的过程，即一定的政党、国家或其他政治集团，运用通俗生动的形式，自上而下激起动员客体的积极性和创造性，引导他们自下而上参与政治生活，以实现特定的政治目标的行为和过程。而对于民众而言，则是追求自身生存和发展的一个契机。如何才能实现二者的良性互动，显然是政治动员中需要解决的问题"②。然而，即便我们同意政治动员过程是动员主导者与动员对象双向互动的过程这一观点，动员主导者与对象是否存在平等的关系这一问题仍然悬而未决。换句话说，在政治动员中，动员对象是能够与动员主导者处于平等关系的主体吗？

在一个不受法治规范的政治动员过程中，相对于政治动员主导者，作为动员对象的民众主要是以意识形态接受者的姿态出现的，在政治议题的建构中很难以主动的姿态发挥决定性的作用。因此，民众这一政治动员对象虽然在数量上占有绝对的优势，但是由于在政治资源的分配中并不具有决定权，从而无法获得真正的政治主体身份。因此，尽管政治动员对象在政治动员过程中可以与动员主导者呈现出相互间的互动，但由于其本身不具备真正的主体性身份，科层制、代议制等国家制度、机制往往为政治动员方式所忽略或跨越，甚至特殊时代的政治动员，如"大民主"背景下的政治动员，还出现了直接以

---

① 参见张晓磊《突发事件应对、政治动员与行政应急法治》，《中国行政管理》2008年第7期。
② 黄琴：《土地革命时期根据地的社会动员与社会参与——以湘赣、湘鄂赣、湘鄂川黔根据地为例》，《求索》2017年第12期。

破坏现代国家科层制或代议制为目标的状况。不受法治支配的政治动员在方式上所体现出的反制度化特征,与政治动员对象的无主体性或弱主体性地位是紧密结合在一起的,它们所反映的实际上是社会结构层面上的一种状况:"群众性政治动员在本质上是政治权威主导下的非制度化、非程序化的集体行动,往往具有高度的不确定性、不可控制性,具有极大的政治风险。特别是,企图用群众运动取代科层体制、代议制民主等现代国家的制度设置,其结果只能是背道而驰,蜕变为社会与政治的破坏力量。换言之,新中国建立后政治动员的有效开展是有条件的,是与民众主体性缺失、'群体无意识'的整体性社会相契合的。"① 在法治的框架中所表现的动员主导者与动员对象之间互动关系的法治动员,则要在法律上确立动员对象的主体性身份,从而重构两者在政治上的关系。

(二) 法治动员对象的主体性

在法治的视野中,判断一个社会中的政治动员对象是否体现出主体性,一个重要的标志是看动员对象在个体意义上是否具备法律上的权利主体地位。② 这种权利主体地位可以通过法律的途径得到承认和保护,并且对于政治议题的建构能够发挥决定性作用。政治动员虽然假定了"主体—对象"的单向传导关系,预设了政治动员过程中二者之间的角色分配,但在实现特定政治目标的政治动员过程中,政治动员主导者与动员对象围绕政治议题所展开的双向互动,已经预示了"主体—对象"存在分歧的可能性。政治动员主导者实际上并不能保证动员对象会完全按照主体的要求完成其所设定的政治目标。在法治

---

① 上官酒瑞、程竹汝:《革命党领导下的中国政治特征及其效应》,《中共浙江省委党校学报》2012年第1期。
② 参见赖诗攀《国家动员及其效果:以反腐败为例》,《武汉大学学报》(哲学社会科学版) 2016年第1期。

的状态中，政治动员主导者与动员对象之间在政治意义上存在的"支配—服从"关系将会在法律规范的基础上重新调整。这意味着，在法治建设的政治动员过程中，动员主导者与动员对象之间在政治上的动员与被动员关系，以及这种关系背后所隐含着的政治角色划分，将会在法治的基础上导向一种法律上的平等关系，而这种法律平等关系必然意味着两者之间的相互主体性。

至少在法治的框架中，政治动员对象需要确立自身的法律主体性地位。作为动员对象的民众拥有主体性，可引申出社会主体的多元性、政治动员的合法性、民主的协商性问题。"民众"是对抽象的人民进行的、不具有阶级色彩的群体表达，民众内部的多元性实际上说的就是社会主体在多元社会中的分化。一个容忍多元性主体共存的社会，在实质上已经意味着以强制为基本特征的政治动员效力的下降，政治动员所可能取得的效果、所造成的压力，也会因为动员对象的多元化而进一步分散。在法治时代，法律上的合法性会成为政治动员所面临的一个重要问题。① 在不受法治支配的社会框架中，政治动员基于动员主导者的政治正当性不以法律为基础，且恰恰相反，法律的正当性取决于政治，所以单向的动员由于其政治性的正当自然得以推进，动员对象的政治意愿也就很难有发挥作用的余地。而在法治支配的社会框架中，政治的正当性需要转换成法律上的合法性问题。法律上的合法性关键不取决于法律程序，而在于法律中所凝结的社会主体共识。社会主体共识的形成意味着民众在个体意义上成为独立的政治主体，并且通过民主的形式达成社会共识。这种民主不是纯粹的多数民主，而是以多元主体之间的协商性民主为主导的。也就是说，社会主体的多元性、政治动员的合法性、民主的协商性虽然都对政治动员

---

① 参见夏利阳《法治政府的实践理性与评价体系建构》，《浙江学刊》2013年第7期。

有所作用，但最终都共同遵循法治的要求。在上述情况下，群众性的政治动员如果要取得既往的效果，就必须对政治动员的诸种要素进行法治转化。从"动员主导者—对象"的关系重构来看，这不但要求动员主导者从内部完成向法治化的转化，而且要求政治动员主导者要区别对待动员对象，了解受众的心理特点，确立法治动员对象的主体身份，实现法治动员对象即法治主体的身份认同。

二 法治主体的身份认同

法治要求确立所有社会成员在法律上的平等主体身份。这意味着，不但政治动员主导者具备主体身份，而且作为政治动员对象的民众同样具备主体身份。法治主体的普遍性，要求所有社会成员完成从不平等的政治人到平等的法治人的身份转变，建立社会主体自身及相互间从外在到内在的身份认同。

（一）从人民认同到公民认同

通常，政治动员主导者的有效政治动员需要把动员对象从普通人转化为政治人，而法治动员则需要把动员对象从政治上的人民认同转化为法治上的公民认同。尽管法治建设的政治动员本身就是一种政治动员，但法治建设政治动员对象在主体身份上与政治动员对象还是存在一定的差异的，这也是一个从政治性的人民身份认同到法治性的公民身份认同转变的过程。① 由于大众在政治上被表述为"人民"，并且人民在道义上是政治动员主导者统治正当性的基础，因此，人民在整体上就享有抽象的主体地位。这与人民中具体的普通个体的无主体性是同时存在的，或许也可以说，正是人民整体上的主体地位取代了个体的主体性。个体主体性的消失，在社会层面上就构成了"群体无

---

① 参见龙太江《从动员模式到依法治国：共产党执政方式转变的一个视角》，《探索》2003年第4期。

意识"①。所以，人民在整体性上的政治主体性与社会层面的群体无主体性，就变成了一个并存的结构。在这个并存的结构中，人民在话语表达上成为主体，但在实践中成为无主体性的主体，而个体的主体性无法有效地凝结成群体的主体性，从而在实际上表现为民众主体性的缺失。因此，民众在实际上享有的权利与其在名义上的政治权利主体地位就存在着不相称的情况。

在一个受法治约束的社会与政治体制中，真正的主体性首先体现在个体公民中。一旦人民的个体成长需要转化为基于根本政治法的现代公民，传统有效的群众性政治动员就可能由于与公民本质相违而陷入正当性危机，并给政治动员目标的实现带来困难和障碍。改革开放前，公民对于自我的公民身份意识不成熟，现代意义上的公民未能成长起来，群体性政治动员即便隐含着人民群众的不满，但很难突破既有的政治权力结构，也就不能阻挡政治动员的任性发动与进行。"但是在改革开放后，人民从容易被动员的革命群众成长为人格独立并且具有较高权利意识的现代公民，这种单向的甚至以损害部分人民权益为代价的群众动员不但不能发挥实际功效，反而会减损群众路线和党在人民心中的权威，甚至会为转型期社会的稳定埋下隐患。"② 任何政治动员的有效性，均以相应的社会结构与主体的意识状态之间存在着契合关系为前提。在政治动员对象上，群众性政治动员以对象的群体性无意识为前提，隐含着当时社会主体分化度低、政治动员主导者合法性高并掌控着主要资源并存的分配状态。一旦这样的社会结构发生变迁，或者作为动员对象的群众成长为独立的公民个体，无论两者是同步发生的还是出现先后变化上的错位，只要上述结构发生变化，

---

① 娄成武：《论网络政治动员：一种非对称态势》，《政治学研究》2010 年第 2 期。
② 丁岭杰：《保障人民权利：中国共产党群众路线的根本价值》，《中共贵州省委党校学报》2014 年第 4 期。

其有效性依存于该种社会结构与主体前提的群众性政治动员,在动员效果上都会大打折扣,甚至有可能面临着完全失效的危险。

(二) 从外化到内化的身份认同

在"动员主导者—对象"的模式中,动员对象处于一种被动状态,还只是抽象的人民群众,也没有成长为具有法律主体性的公民。从政治上的人民向法律上的公民的跨越,最主要的是通过构成人民群体成员的个体化独立来完成的。所谓的主体性,实际上是承认其人格的独立意义,而主体其实是人格的同义语。在将人民的抽象主体性法律化时,最具有实质意义的一步是将人民具体化,也就是将人民中的成员个体化,使这些个体真正成为自己命运的决定者,也就是成为主体。① 在法治的视角中,这也就意味着,人民中的个体性成员获得的是现代法律中的公民身份。公民要求其本身具备自主意识,这种意识在法律上表现为健全的权利意识。

政治动员的过程,实质上也是一个政治社会化的过程。"政治社会化是社会个体在社会政治互动中接受社会政治文化教化,学习政治知识、掌握政治技能、内化政治规范、形成政治态度、完善政治人格的辩证过程;是社会政治体系的自我延续机制和功能运行机制。"② 上述关于政治社会化的理解突出了社会个体及社会政治体系两个层面的问题,一是政治社会化侧重于政治对社会个体的影响,二是政治社会化是政治体系的一个内在机制。如果把法治看作政治的一部分,那么,法治中国建设的政治动员也就可以看作法治社会化的过程。法治动员的要义在于有效地推动法治社会的建立,即通过法治动员的主体与动员对象的互动,将法治文化、法治精神、法治意识、法治观念、法治

---

① 参见姚建宗《中国特色社会主义法治理论的一种思想样态》,《学习与探索》2015年第5期。

② 李元书:《政治社会化:涵义、特征、功能》,《政治学研究》1998年第2期。

思维和法治行为规则等普及给社会成员。由于法治是政治的组成部分，那么，对于动员对象来说，法治社会化的过程也就是政治社会化，在此过程中，法治动员对象实现了政治化。有学者从个体成员角度将政治社会化的一般路径划分为政治身份认同、政治信息内化和政治参与三个阶段。① 从社会个体的层面来看，法治动员对象的法治社会化是在法治动员主导者的动员下发生的，因为互动的关系，虽然看似处于被动的地位，但可以在法治动员中实现主体身份的变化，并通过法治的内化塑造法治人格。从法治社会化的角度来看，法治建设政治动员对象的法治主体身份的获得，首先需要得到动员主导者的认可，这是一个外在赋予的过程；其次需要动员对象对于这一主体身份的内在认同，这是一个内在强化的过程。因此，在从外化到内化的法治社会过程中，外化是法治动员主导者从法律上承认动员对象的主体身份，内化则是动员对象自我认识、认可自我社会主体性身份并形成相关的社会角色意识。通过法治社会化，法治中国建设政治动员主导者对动员对象进行法律规训和实践，树立宪法法律至上的法治权威，使其具备法治上的知识、态度、情感、行为，而其最终目标，则是对动员对象进行人格塑造，培养法治动员对象的法治人格，使其从对象转化为真正的主体，从而实现对其自我主体身份的高度认同与平等法律主体之间的相互认同。

第二节　法治社会化中的"权利—义务"配置

从政治体系来看，作为政治体系自我延续机制和功能运行机制的一部分，法治社会化提供给法治动员对象的是什么样的"权利—义

---

① 参见高永久、张杰《"族员"与"公民"：少数民族政治社会化的路径研究》，《云南民族大学学报》（哲学社会科学版）2013年第1期。

务"配置体制，能否通过政治参与的途径有效实现法治社会化呢？实际上，要想在法治建设政治动员主导者与动员对象之间的双向互动中确立动员对象的法治主体身份，最关键的仍是要在制度上建立均衡的"权利—权力"关系。这首先需要打破传统的"政治—社会"关系，实现从全能政治到有限政治的转变，将低权利高义务的配置转化为权利与义务关系在现代法治思想上的平衡关系，建构法治化的政治参与制度，实现利益表达的法治化、利益诉求实现的法治化。

一 从全能政治到有限政治

通过法治社会化确立法治建设政治动员对象的主体身份，其实质是改变动员主导者与动员对象之间的"权利—义务"分配体制。这种分配体制的转型，受制于法治社会化中的政治转型。政治的社会变迁，从政治上来看不仅包括政治内部发生的变迁，还包括政治在社会整体结构中所发生的变迁。① 中国近代以来出现的社会大变动，从政治层面来看，都是政治与社会关系的大变动。中华人民共和国成立以来政治的社会变迁，大致可以区分出两个阶段，一个是中华人民共和国成立初期展开的政治全面支配社会的过程，一个是改革开放后政治从社会领域收缩并进行以法治化治理为导向的改革过程。

（一）国家权力支配社会的全能政治

中华人民共和国建立后，利用革命的国家机器，国家在经济上通过土地改革、粮食统购统销，对农业、手工业和资本主义工商业的社会主义改造，在军事上通过清剿国民党残部和匪患，在意识形态上通过爱国公约、社会教育、忆苦思甜等运动，实现了国家对社会的全面支配。从政治上来看，这是一个全能政治的时代，从国家与社会治理

---

① 参见张劲松《从全能政治到有限政治：国家与社会关系的重大调整》，《思想战线》2006年第6期。

形式来看，这是一种"运动式"的国家与社会治理模式。在政治的控制下，运动式的政治动员方式不但在政治领域通行无阻，而且全面开花，被复制到经济、文化等其他各个领域。如果用一个概念来概括全能政治时代的基本政治特征，那么这个概念无疑非"革命"莫属。[①] 革命不但首先是一种激进的理论，代表着一种意识形态上的正当性，而且在社会的层面还代表着被垄断的政治资源在全社会的一种激进分配。基于对政治资源的垄断，以革命的意识形态为思想实质的政治认同带有明显的强制性色彩，并且经过"规训"后还会体现出"自愿"认同甚至崇拜的特征。

在全能政治的社会，人与人之间的关系建立在政治的人身依附关系基础上。这种政治依附关系，在社会建制上主要是通过各种形式的单位来完成的。各级国家机关及国有国营的企事业单位、官方或半官方的社会团体等多属于正式的（官方的）单位。从阶级的角度来看，工人阶级的单位主要是企业，自古以来具有分散性的农民阶级也被纳入"公社"组织，成为具有明显军事色彩的大队或小队等集体的"队员""社员"。在某种意义上，一个人的个体身份是通过他所在的单位来确认的。单位既是个体工作、学习、生活的场所，也是一个人的政治身份归属和区分标志。同时，基于个体的单位附属性，对个体自由流动的控制（无论是限制还是禁止）基本上通过单位就可以实现。单位除了经济意义（主要以"薪酬"的形式表现出来）外，还具有政治意义。在政治功能上，单位是向下传导政治压力和意识形态的工具，是政治身份的控制工具，同时也是政治认同和权威向上积累和传递的工具。一个没有单位或丧失了单位的人，是没有政治地位和意义的。而且，各种不同的单位并不是完全平面性地并列存在，而是

[①] 参见王衡《从政治衰朽到全能主义：论中国近代以来集权分权模式的演变》，《浙江社会科学》2013年第5期。

首先处于纵向的单位系统,再加上单位与单位、单位系统与单位系统,从而在整体上形成一个从上至下、横向交错的支配性政治权力结构。正是基于这种形式的权力结构,运动式的政治动员才会有发挥作用的组织基础。

(二) 回归常态的法治政治

经济具有促使人员流动的能力,特别是在政治对于人的自由流动的控制减弱之后,经济的促动力所能发挥的作用将会发挥得更大。在对人的控制上,经济和政治都具有巨大的控制力,并且还会出现两者对于人的控制的竞争。当经济对于人的吸引力和控制力加大的时候,往往政治的控制力减弱,反之亦然。① 作为政治控制功能附属的单位对于人身控制力的减弱,从社会的层面来看,通常也意味着政治控制力的减弱,并同时可能带来人与人之间政治关系基础的变化。② 当单位弱化了对人身的控制,强制性政治认同和人身依附也会在社会发展中发生变化:"当社会发展时,'单位'所具有的限制作用也发生了很大变化。所以,原来靠运动的方式动员老百姓的方法,依靠意识形态进行统治的办法,现在不行了,因为人们不再相信空洞的意识形态说教。因此,党提出要依法治理国家。它必须寻求新的方式获得政治认同和权威。"③ 依法治国的理念中既包含着转换强制性政治认同,重新塑造政治认同与权威的意图,也凸显了重塑政治与社会关系的愿望。

依法治国,实现法治政府、法治国家与法治社会的一体化建

---

① 参见宋玉波《法治政治与执政党的权威政治》,《浙江工商大学学报》2008 年第 3 期。

② 参见刘俊祥《法治政治与规则政治》,《武汉大学学报》(哲学社会科学版) 2004 年第 4 期。

③ 于建嵘:《共治权威与法治权威——中国政治发展的问题和出路》,《当代世界社会主义问题》2008 年第 4 期。

设，从政治上看，即是实现"法治政治"。从政治内部的变迁来看，法治政治是在政治之中加入法治要素，意味着政治的法律规范化与制度化。也就是说，在法治政治中，不但法律成了政治中的要素，而且法律还要对政治进行规范。对于中国长久以来形成的"政法"传统来说，这多多少少具有一种悖论的性质。在政治面前，如果法律无论是产生、变化还是废除都要完全受政治的支配，那么，用法律来规范政治就显得自相矛盾，因为与其说用法律来规范政治，其实是在用政治来规范政治，这就只能表现成政治对政治的否定，从而很难避免否定前政治的政治不断被新的政治否定掉。既然法治政治意味着政治的法律规范化，那么，法治政治就一定还有更深层次的含义。而这层更深层次的含义，必须得越出"全面政治"的视野才能获得。

　　从社会的层面来看，法治政治给我们展现的是一个在政治与社会关系上与全能政治判然有别的面貌。社会领域意味着个体很大程度的自治性。在全能政治下，社会被政治侵夺，政治全面支配社会，个体的自治被政治主导，从而导致个人的自由空间被政治压缩，各种各样的单位划定了个人的政治活动空间。而在法治政治下，政治从社会领域全面收缩，重新厘定政治与社会的界限，最终形成的应该是"政治的归政治、社会的归社会"的状态。如果把政治看作一个权力支配关系，那么社会则是排除政治权力支配关系的自治空间。① 法治政治的意义就在于，通过法律来划分政治与社会的界限，并且以法律来规范政治的越界行为，从而维持社会自治的领域不为政治所不当侵犯。

　　在法治政治下，政治的权威和政治认同将通过法治来取得和建

---

① 参见周祖成《论政治法治化的基本价值导向》，《政治法学研究》2014年第1期。

立。这意味着,从全能政治向法治政治转换的过程包含着政治权威和政治认同基础的转换过程,从国家与社会治理方式来看,就是从运动式管理向法治化治理转变的过程。从法治政治的角度来看,这是一个政治权威与政治认同重建的过程;从政治认同的主体来看,则是从政治支配之下的人民裹挟性政治参与机制向法治支配之下的公民制度性政治参与机制转变的过程。因此,在运动式管理向法治化治理模式的目标设定,体现了政治的社会变迁,隐含着应对当前中国社会层面变动的诉求,隐含着修复社会断裂和进行社会整合的现实需要,实际上正是一场国家与社会治理模式现代化的重大转型。

二 从"低权利—高义务"到"权利—权力"的平衡

在全能政治下,相对于政治动员主导者,政治动员对象在权利义务上体现出低权利高义务的特点。而在法治政治下,法治建设政治动员对象的主体性身份,要求建立一种法治支配下的"权利—权力"平衡状态。

(一) 低权利高义务的配置

在不受法治支配的全能政治下,政治动员对象同样享有权利,但权利与义务之间的关系明显失衡,是一种低权利高义务的组合。这种所谓的低权利高义务组合,首先是从动员对象实际享有权利的层面来看的,与名义上抽象层面的权利主体地位相对;其次是指这种组合同时存在于动员对象身上,对于动员对象来说,其所享有的权利少而履行的义务多。低权利高义务的体制有利于动员主导者以较低的动员成本,通过动员形式来凝聚政治或其他方面的资源。在动员对象低权利高义务的不平衡付出中,动员主导者得以积聚更多的资源。[①] 对于动

---

① 参见肖金明《政治文明视野中法治国家的核心内涵》,《法学论坛》2007年第5期。

员主导者来说，是其以较低的义务性付出，换取到了更多的权利收益。政治动员主导者通过政治动员方式凝聚资源的能力越强，凝聚的资源就越多，其实可以从反面说明其所付出的动员成本必然不会太高。

低权利高义务的另外一种表现，是动员主导者与对象之间存在着权利义务的不对等关系。无论是政治动员主导者还是动员对象，都具有阶级意义上的特定政治身份系属。① 不过，这种身份系属对于动员主导者与动员对象的意义是不一样的。动员对象的政治身份具有被管制的性质，且政治身份对其生存与生活具有重大意义和影响。与政治动员对象相对的动员主导者，则带有权威主义的色彩，对动员对象的政治身份具有认定权力。这便有可能导致下列情况："权威主义这种低权利高义务的体制，特别是暗含暴力色彩的虚无主义的阶级身份管制机制，造成了动员议题下高度一致的认同聚合行动，统治集团暂时获得了革命或激进式发展所需要的资源；大众则为了免于身份剥削所带来的边缘化、异质化等恐惧，极不情愿地接受了统治阶级的发展战略和政策，因而也缺乏对整个制度的忠诚，缺乏政治合法性所需要的群众基础。"② 在全能政治的时代，大众承担更高的义务，其依据虽然可能是法律，但更多是作为政治义务出现的。

(二)"权利—权力"的平衡

民众在实际享有权利层面的低权利高义务组合，与其在名义上的政治权利主体地位形成了鲜明的对照。这种体现在动员对象身上的权

---

① 参见马长山《市民社会与政治国家：法治的基础和界限》，《法学研究》2001年第3期。
② 胡献忠：《知识青年上山下乡动员结构变迁考察》，《中国青年研究》2018年第9期。

利义务失衡,需要在法治政治下加以纠正,而在根本上则表现为动员对象与动员主导者之间"权利—权力"关系的再平衡。从制度建构的角度来看,执政党与政府需要建立回应民众意愿的制度机制,民众也必须要有充分表达其政治意愿的制度渠道,并且双方应该建立相互信任的制度基础。这种真正对所有主体的行为产生决定性影响的制度建构,只能通过法治来完成。在一个受法治支配的现代政治框架内,"法治"除了成为执政党正式认可并高举的意识形态内容外,在更根本的意义上,是建立起受法律规范的"政治权利—政治义务"平衡的制度。

在法治的框架中,政治上的权利义务关系需要转化为法律上的权利义务关系。相对于政治上的权利义务关系,法律化的政治权利义务关系在弱化政治权利义务关系道德性的同时,强化了政治权利义务关系的法律性,并且试图改变行使政治权利、履行政治义务的评价标准。这个新的标准在评判政治动员主导者与政治动员对象的政治行为上将会根据法律规范采取一视同仁的原则。但在根本上,法治对于政治动员主导者来说,其最重要的作用和功能在于"将权力关进制度的笼子里"。这意味着法治是对政治动员主导者与动员对象之间"权利—权力"关系的一种再造。在法治之下,执政党不是权力没有限制的政党,法治政府也不是强权政府,所有的执政党和政府都拥有权力,但依法执政的政党是政党权力受法律支配的政党,法治政府是权力受法律支配的政府。让自身的权力受法律的支配,是执政党与政府主动适应国家与社会现代化要求的结果,同时也是顺应社会民众意愿的结果。可以说,法治是抑止民众权利诉求进行抗争性表达,并实现权利与权力平衡的根本制度设计。[①]

[①] 参见张廉《法治:政治文明的表现形态与实现方式》,《西南民族大学学报》(人文社会科学版)2004年第2期。

1. 民众权利诉求的抗争性表达

一旦在法律上承认抽象民众在个体意义上的政治主体性地位，传统的政党对民众的动员，就不再是一种单纯从动员主导者到对象的单向运动，而是可以形成双向的互动。这个双向互动的过程，对于民众来说，表现为无论是政治动员议题的建构，还是政治动员过程的展开与推进，民众都可以以私人或团体组织的身份表达自己的权利主张。当然，这要受制于民众特别是其中的特定群体所在的社会结构。"如果群体被置于一个自治受到保护的结构中，并且只有在这种情况下，群体才具有价值并值得保护。"① 在受法治支配的政治框架中，民众由于权利意识的觉醒与具体政治主体身份的获得，其对政治的参与开始具有明确的权利主张色彩。政党与民众之间的这种双向互动由于获得了法治的保证，从而在政党的意志中被加入了民众的权利主张，而民众的权利主张因对政治动员议题的建构发挥了作用而变成了现实。② 那么，民众以何种方式来表达他们的法治诉求？其实，民众在何种程度上更偏爱法治，并不需要通过他们的语言，他们抗争性行为背后的行为模式，更能表达出哪种治理方式可以满足他们的制度需求。

民众多种多样的诉求并非都在表达权利，并且其表达的方式也并非都是法律性的。在中国社会的急剧转型中，民众有意或无意地通过社会抗争的方式所进行的诉求表达，也在间接地传递着他们对于国家治理模式的期待。抗争性表达是一种比较极端的诉求表达方式，但是，如果一个社会中通过这种极端的方式来进行诉求表达的事件不再是单纯的个案，而是在某种程度上成为一种普遍性的方式，那么，这

---

① Denial M. Weinstock, Citizenship and Pluralism, *The blackwell Guide to Social and Political Philosophy*, Edited by Robert L. Simon, Massachusetts and Oxford: Blackwell Publishers Inc. and Blackwell Publishers Ltd, 2002, p. 247.

② 参见陈金钊《法治时代的中国法理学：政治修辞下的法理学解放》，《学习与探索》2011 年第 3 期。

种表达方式的形成机理、运作机制、社会影响等就应当引起治国者进行制度性的反思。对于民众的抗争性表达，执政党和政府往往将其作为"维稳"的重点，先是以一种严防的态度来对待，在抗争性表达发生后，执政党或政府通常又以两种方式来应对，一是进行弹压，二是进行让利性的安抚。弹压并不能真正消除抗争者的对抗心态，不利于社会矛盾的缓解；让利性安抚又容易向当事人或社会一般公众传递错误的信号，以为"闹""访"可以解决问题，并能获得相对更大的收益。

民众抗争性的诉求表达模式被延续或强化，与执政党或政府所采取的国家与社会治理模式有关。抗争性诉求表达具有制度外的特征，是被当作治理模式的外在物来对待的。然而，抗争性诉求表达之所以出现，在很大程度上是因为现有制度不能有效吸纳这种抗争。当民众通过自身的社会抗争来表达利益诉求，而现有的制度又不能提供充分、及时、有效、公平、合理的解决方案时，对更合理的客观制度的需求就自然而然地产生了。这种更具合理性的制度是法治制度，只有凭借法治才能重建民众对执政党与政府的信任。

2. 国家治理权力的法治化需求

法治同样也是执政党与国家在现代社会转型过程中进行国家与社会治理时的一种内在需求。在某种程度上存在的政党组织与国家机构的重叠性、政党权力与国家权力的同构性，容易使国家机制导向政治或权力支配，从而使国家行为往往也表现出政党行为的特征。但是，这种支配关系并没有形成反向的影响，也就是说，政党机制并没有更多地表现出国家机制的特征。政党机制和国家机制在运行机理上实际上都是按照科层制的要求来进行的。科层制通过制度的合理化，对个体人格在整个运行机制中的作用或影响予以制度化的限制，实际上具有一定程度上的形式理性色彩。一个以控制和支配社会为基本特征的政党和国家体制，要想维持住控制和支配状态，必然需要建立庞大而有效的监控体制。但这样的体制除了高成本外，还可能具有刚性的特征，其灵活性或社会适应力可能不一定充分。对于执政党或国家的长期存在来说，这样的结构其实隐藏着很大的风险。

人治型的国家与社会治理模式，其内在支撑结构是刚性的组织与权力结构。这种结构在应对社会内部发生的社会抗争时有其内在的局限。在一个特定的社会中，社会抗争在一定时期的发生率、发生数量、对社会的冲击力大小等，都会对国家与社会治理产生影响；反过来，国家与社会治理模式也都有对社会抗争的承受范围。[①] 在一个以监控、控制为特征的人治型治理模式中，如果想把社会抗争限制在可以承受的范围内，就必须要保证其监控、控制的力量强于社会抗争对社会的冲击强度。反过来就是，当一个国家内部的社会抗争的发生率增大、数量增加、对社会的冲击力和破坏力也增大的时候，为维持执政党与国家对社会的控制状态，就必须相应地增加监控和控制力量，而这意味着监控成本的增加。[②] 增加的监控成本需要执政党和国家通过进一步加大对社会资源的汲取来担负，这在进一步加大社会负担的同时，也增加了执政党和国家的汲取能力。当然，这种汲取有可能是无效率的，但汲取的无效率可以通过汲取数量得到弥补，从而可能更进一步强化执政党与国家对社会民众的监控。在某种意义上，这是一个恶性循环的过程。一旦社会抗争发展到执政党与国家无力控制时，就会导致整个治理模式与治理体制的崩溃。要避免或解决人治型国家与社会治理模式的内在逻辑性缺陷，就只能走法治的道路，因此，对

[①] 参见陈科霖《权力法治化：概念、基本指向与体系建构》，《福建农林大学学报》（哲学社会科学版）2015年第4期。

[②] 参见李艳红《公权力法治化思考》，《理论探索》2010年第4期。

于执政党与国家来说，法治其实是其在现代社会转型过程中所产生的一种内在需求。

三 法治化的政治参与

尽管法治推进模式是自上而下建构型的，却不是执政党和国家单向发动的结果。以法治为导向的国家治理方略改革，其动力既来自执政党与国家内部，也来自普通民众。推行法治，实际上是作为"上"的政党与国家实现权力法治化的需求，同作为"下"的民众的权利诉求相互激荡与契合之后的结果，并以实现法治的社会化作为重要目标。实现"权利—权力"的平衡，从民众的角度来看，就是通过法治社会化实现民众权利表现的法治化与民众参与的制度化的平衡。

（一）民众权利表达的法治化

当法治成为一般社会民众和执政党与政府的共同需求的时候，回应这种需求而进行制度建构就是必要的。① 而要解决国家与社会治理模式的转型问题，就必须要考虑社会抗争的合法化与法治化，并通过一种制度性的建构将民众抗争纳入法治的轨道，以便通过制度化的参与来回应现实的制度需求。

社会抗争的出现，会给社会秩序带来冲击，从而必然增加执政党和国家的管理成本。② 因此，在以管理和支配为特征的政治治理模式下，特别是从政治的统治立场来看，社会抗争甚至有被解释为反抗执政党和国家的可能性，不但很难被正当化，而且还有可能被上升到犯罪的程度。那么，执政党和国家将社会抗争纳入法治化轨道的动力是

---

① 参见王英津《论我国权力法治化运行的逻辑建构》，《中国人民大学学报》2000年第3期。
② 参见张立国《权力运行法治化：国家治理体系现代化的关键》，《吉首大学学报》（社会科学版）2015年第3期。

什么？一方面，社会抗争中可能蕴含着民主的诉求，在一个以人民为根本统治正当性基础的政党和国家中，民主诉求背后所体现的人民主体性始终是一个无法回避和否认的正当性问题，一旦彻底否认社会抗争的民主性，就会与执政党和国家自身的正当性来源产生冲突；另一方面，从社会的整合来看，如果执政党和国家不能有效地将社会抗争整合进自身的体制，则会将社会抗争整体性地排斥在体制之外，这不但会增加管理难度和成本，还会在压抑社会抗争中所蕴含的民主诉求的同时，树立自身管理的对立面，制造社会的对立状态。因此，为了有效应对社会抗争可能带来的社会管理问题，执政党与国家更倾向于从民主政治的角度来化解其所带来的困境。例如，乡村社会治理的民主化与法治化就带有这种意味："为了在新的历史条件下继续维持国家对乡村社会的有效整合与控制，党和国家开始将民主和法治引入乡村社会治理，在根据民主原则扩大农民权利的同时，运用民主法治精神和原则对乡村行政权力的运行机制进行改造或重构，以实现乡村行政机制由政治支配向法律规制的转型。"① 法治型的社会治理模式，其内在支撑结构应该是一个具有弹性和适应力的组织与权力结构。在应对社会内部发生的社会抗争时，这种结构有着人治型的国家与社会治理模式所不具有的重要特点，那就是通过合法化和制度化来吸收社会抗争的破坏力，减缓对社会的冲击，从而减弱社会抗争对社会可能产生的破坏作用。

不过，社会抗争的法治化虽然可以将社会抗争的民主诉求合法化，但其对推动社会的民主转型与法治转型的作用意义仍然是存在差别的。中国当代社会抗争在整体上所蕴含的政治诉求远没有经济诉求大，因此，试图通过社会抗争的法治化来推动社会的民主转型，由于

---

① 赵晓峰、魏程琳：《行政下乡与自治下沉：国家政权建设的新趋势》，《华中农业大学学报》（社会科学版）2018年第4期。

忽略了民众社会抗争的原动力问题，显然就是不充分的。民众进行社会抗争的动因主要不在于民主的诉求，因为民主的诉求并不能充分保证其经济诉求的实现，并且还会使民主诉求面临着非法化的风险。而在法律或法治的框架中，经济诉求的可期待性远远高于政治民主化的效果。"正是社会抗争与法律框架、经济利益的亲和性，才导致了社会抗争在中国构建法治政府过程中所起的作用远远胜过在推动民主转型过程中所起的作用。这可以从政府化解社会冲突的途径和过程中得到证明。因为地方政府在化解社会冲突的过程中，越来越表现出诉诸法律途径或者法治化调解的愿望。其次，社会抗争一旦通过法律途径得以化解之后，其促动民主转型的社会效应就逐渐趋于衰弱，但这并不是说其积极效应没有保留下来。"① 如果我们将民主化看作法治的一个产品，那么甚至可以说，在社会民主与法治的推进过程中，通过法治先行的方式来推进民主，有保障民主实现的效果。这是因为，社会抗争的法治化可以提高民众对于诉求解决的稳定预期，而非使其处于更不稳定的状态。这种稳定性和可预期性，恰恰具有促进社会民主化的作用。

（二）民众参与的制度化

基于政党对国家的支配作用，政党的需求会同样地表现在国家身上。如果政党有民主化制度构建的需求，那么与政党同构性的国家，同样应该有民主化制度构建的需要。然而，政党与国家的民主化制度建构的动力并不一定就强于民众，相对于民主管理，在没有遭遇反抗的情况下，直接的强制性管理实际上更易于体现政党与国家的意志。然而，强制性管理的有效性是有前提的，因为这种管理模式的成功不是以政党和国家的意愿与民众意愿高度一致为前提，就是以忽略民众

---

① 刘建军：《论社会转型期政治信任的法治基础》，《文史哲》2010年第4期。

的意愿或以社会整体的民众主体性欠缺为前提。显然，实现前一种意义上的高度一致几乎不可能，因为即使是最民主的制度，也无法充分保证这种高度一致性，况且这样的民主制度是否值得追求也是令人怀疑的。

无论是哪种可能性，社会抗争的出现都体现了社会抗争主体的主体性意识觉醒和增强。如果这种社会抗争以维护权利的名义进行，那么，至少可以证明改革开放以来的权利意识启蒙正在发挥作用。通常，以权利特别是法律上规定的权利名义进行的社会抗争，往往具备权利规范基础上的正当性，这就为这种抗争提供了一定程度上的法律正当性基础，但这同时也为执政党和国家的法治化处理提供了可能性：社会抗争即使在实体性的规范根据上是可靠的，但抗争的方式并非一定就有程序性的规范根据。对于群众的权利启蒙，应当同时伴随着让实体权利得以实现的程序启蒙。由于关于法治的启蒙是伴随着整个国家经济的市场化进程展开的，"这也就意味着，以市场经济为内在动力和以全球化为外在动力推动的中国改革开放，从根本上唤起了公民的权利意识、法治意识的情形下，动员政治让位于有序政治，'大民主'让位于法治民主的必然性"①。法治民主之所以不同于"大民主"，根本上就在于法治民主是一种实现了民众的政治参与法律制度化，而非一种任性无序的民主。从而，作为一种政治制度的法治民主，也就必然是一种有序政治。

将社会抗争法治化，首先实现的是社会抗争的规范化和有序化，而非无原则、无规范的民主化。② 社会抗争的法治化在承认社会抗争

---

① 上官酒瑞、程竹汝：《革命党领导下的中国政治特征及其效应》，《中共浙江省委党校学报》2012年第1期。

② 参见黄冬娅《国家如何塑造抗争政治：关于社会抗争中国家角色的研究评述》，《社会学研究》2011年第2期。

方式合法并予以法律规范的同时,实际上也是在法律上对民众的社会主体性予以承认。从政府的角度来看,在做出转向法治政府的承诺后,政府对社会抗争的直接弹压或无原则妥协两种极端情况就都会与法治政府的角色定位相冲突。法治政府不在于对民众的社会抗争是采取直接弹压还是无原则妥协的反应措施,而是这样的措施是否是为所法律所承认的,是否是按照法律规定的程序进行的。"实际的情况是,因为社会抗争的刺激效应,政府从强权政府向法治政府转型的政策成果和制度成果会在不同程度上被保留下来。化解社会抗争的司法化趋势使得中国构建法治政府的努力初见成效。从这个意义上来说,在中国构建社会主义民主政治的过程中,法治可能是先于民主的,或者说法治是重于民主的。"① 从民主政治的角度来看,将社会抗争法治化是对民众参与和民众意愿表达的规范化与制度化,对社会抗争方式的规范化和制度化要先于民主化,在推进顺序上,法治是要先行的。

第三节 群众路线与法治社会化

群众路线是党与人民群众联系和沟通的基本方式,被概括为党领导人民取得革命胜利的法宝。群众路线在实质上是一种非常有效的政治动员方式。中华人民共和国成立之后,中国共产党在实质上已经由革命党转化为执政党,但革命年代遗留下来的合法性遗产仍然在持续发挥着效用,竞争性选举尚未成为党执政后的基本合法性压力。现代国家的抽象化带来一个问题:缺乏竞争性选举作为动力和沟通机制的执政党如何才能够保持与群众的密切"联系"和"沟通"?有学者提出,由政治缓冲功能为主日益向政治控制功能为主转变是当代中国信

---

① 刘建军:《论社会转型期政治信任的法治基础》,《文史哲》2010年第4期。

访制度功能变迁的核心线索,体制转轨与社会转型带来的一系列预期后果与非预期后果共同导致了信访制度的功能变迁。[①] 因此,在中国共产党成为执政党后,群众路线仍然不时被重新强调。那么,在全面推进依法治国的当下,群众路线在法治建设的政治动员中又有什么意义,作为政治体系一部分的群众路线与法治社会化又存在着什么样的关系?

实际上,群众路线在根本上体现的是一种执政党与人民群众沟通的逻辑,由于现代国家的建构,执政党与人民群众沟通的逻辑嵌入了国家制度中,从而在一定程度上被国家制度化。基于国家运行的法律逻辑,国家制度化也就意味着法律化。在法治中国建设中,群众路线所体现的权力内涵也在发生着结构性的变化,反映民众诉求的群众路线在吸纳民众意愿的同时,只能借助法治的形式,才不至于因诉求内容的多样化与分散化而无法凝聚社会规范共识。在此意义上,选择法治的国家与社会治理模式,实际上首先是一种对形式的共同行为规则的法律认可。

一 党群沟通逻辑的国家制度化

中国共产党的群众路线联结着两端,一个是政党,一个是群众,因此其体现的是党民沟通的逻辑。在党由革命党转化为执政党后,对国家与社会的管理模式发生了变化,变成了从直接管理到政党领导并借助国家体制实现执政。因此,群众路线的党民沟通逻辑就从直接沟通变成了嵌入国家制度的沟通,也就是"执政党—国家—民众"三者之间的沟通。这也可以看作党民沟通逻辑的国家制度化过程。

[①] 参见唐皇凤《回归政治缓冲:当代中国信访制度功能变迁的理性审视》,《武汉大学学报》(哲学社会科学版) 2008 年第 4 期。

（一）群众路线的党群沟通逻辑

自古以来，在政府的层面上，中国就没有形成过一种不以强制为基础的有效的基层动员模式。例如，先秦时的"什伍连坐"等制度既可以看作国家监控体制的组成部分，也可以看作一种基层动员模式。不过，由于这种模式没有形成基层群体的主体性，遵循的只是权力的控制逻辑，也就不可能成为以人心向背为基础的互动动员。群众路线这个以社会下层为对象的沟通联系原则，则在中国历史上第一次形成了契合中国下层民众心理的动员模式。在革命年代，群众路线这种沟通方式为党在同其他政党的竞争中赢得了基层群众的支持，在动员社会下层的主要阶级群体中发挥了至关重要的作用，为革命的胜利奠定了最基本的群众基础。群众路线之所以能够发挥这么大的作用，与当时党在国家与社会中所处的地位有现实关系。[①] 首先，在革命年代，党是革命党而非执政党，其基本任务是夺取政权而非执政，即便是在其领导下所建立的政权，也不是完全地处于绝对优势的执政地位。其次，党时时面临着政党间的生存竞争压力，这不但表现为中国共产党与当时的国民党的竞争，而且也涉及共产党与其他党派的竞争或合作关系。在此意义上，生存竞争的压力在根本上成为中国共产党推进群众路线以获取和赢得社会成员支持的根本动力机制。中华人民共和国成立后，群众路线更是成为打破传统的政权支配社会结构[②]的一个重要方法。党的主要统合方式，就是利用群众路线进行基层政治动员，并通过在组织上录用乡村干部的形式将其纳入党的权力结构体系。"历史证明，党依据'贫穷'这种特殊的选择倾向录用乡村权力

---

① 参见高祖林《群众路线的意义、问题与时代主题》，《毛泽东邓小平理论研究》2013年第6期。

② 在传统的国家治理结构中，国家政权只能支配到县，基层的社会治理则交由士绅进行，从而形成所谓的"乡村自治"。

的组织者既可以使处于顺从者角色的劳苦农民能够按照党所期望的角色方式发挥作用,同时将农民按照党的意志组织起来,也为实现党的目标、宗旨和理想聚集了群众基础,是中共党组织下沉乡村社会的关键。"① 以"贫穷"为标准的干部选择倾向,有利于将以工人阶级为领导阶级的党与处于经济底层的最大多数普通民众联系和沟通起来,从而为进行底层政治动员提供便利。

群众路线的政治动员作用来源于其内在的动员机制,体现了党沟通人民群众的一个基本逻辑。群众路线讲的是"从群众中来,到群众中去"。"从群众中来"是一种自下而上的逻辑,是民众意愿的上行;"到群众中去"是一种自上而下的逻辑,是政党组织意愿的下行,两者最终的契合点则是政党意志与民众意愿的一致。因此,从政治决策的形成上看,群众路线本来遵循的就是一种互动的逻辑。在政策过程中,党推行的群众路线,形成了一套独特获取民意的政策模式。群众路线使党的领导者和决策者在制定政策的过程中,以自上而下的方式吸纳民意、改变民众认知,以确保政策过程获取真实民意。在决策机制上,通过群众路线的作用,党得以将民意进行吸纳和提取,从而使决策充分体现民意基础,并在此过程中间接地发挥政治动员的作用,为民众了解和认同党的动员目标提供了途径。"而具体的做法就是政策制定者主动深入民众中,了解民众具体要求,依据实际情况,制定出反映民众利益的政策方案,给民众带去实际利益,以此赢得民众对政策的支持;同时,通过宣传教育,改变民众对政策方案的认识,使得民众认识到自己的利益所在,使政策方案更容易推行。"② 显然,

---

① 张健:《政党下乡与村干部政治录用》,《武汉理工大学学报》(社会科学版)2011年第6期。
② 陈水生:《中国公共政策模式的变迁——基于利益集团的分析视角》,《社会科学》2012年第8期。

群众路线体现了作为政治动员主导者的政党主动向下的过程，也为民众上达提供了疏通渠道。

（二）党群沟通逻辑对国家制度的嵌入

在中国共产党建立国家政权后，体现党民沟通逻辑的群众路线对国家制度的运转是如何产生影响的呢？中国古代有党亦有派，但这种党或派缺乏现代政党的最基本特征。从与政权的关系来看，现代政党介入国家管理，在正当性上往往要经过选举的运作。也就是说，政党进入国家制度的基础，除了其在法律上是合法政党外，还需要遵守国家制度的逻辑。中国共产党是中华人民共和国这一现代国家的缔造者，其在国家层面进行执政的实质性基础在中华人民共和国正式建立前就已经存在，从而选举在很大程度上就更多地具有形式的意义。作为革命的产物，国家的制度逻辑不是在规范着执政党，而是执政党在规范着国家的制度运作，从而国家的制度建构与运作往往就带有了政党机制的特征。"从实践上看，由于党民之间沟通的历史先于现代国家的构建，群众的认同和信任、支持和参与是政党的根基、革命胜利的重要原因。而作为创建现代国家和构建政治制度的主导力量，拥有自己的革命合法性和社会基础，执政党也就不单单遵循国家的制度逻辑进行活动，而是将这种党民沟通互动的逻辑带入国家框架之中，使之成为国家制度的一部分。"①

群众路线的党民沟通逻辑嵌入国家制度后，就在政党与群众之间形成了一个中间机制——国家。在中国共产党的执政活动中，群众路线因为是"利益表达—利益综合—政策制定—政策实施"的执政过程的根本体现，所以在党执政中仍然居于重要地位。"'从群众中来，到群众中去'作为中国共产党执政为民的一条根本的政治路线，是当

---

① 叶笑云：《平衡视阈下的当代中国信访制度研究》，博士学位论文，复旦大学，2008年。

代中国政治输入、转化和输出过程的一个具体表达和集中概括。"①从权力运作的角度看,群众路线是自上而下的党组织权力与自下而上的民众权利之间相向运动的结果,但在国家这一中介介入后,党民之间的"权力—权利"关系就变成了"执政党—国家—人民群众"三者之间的"权力—权力—权利"关系。由于国家权力的法律属性,使党与人民群众之间介入了法律的因素,在全面推进依法治国中,则会导致党和人民群众沟通逻辑在法治中国建设的政治动员中发生形变。

二 党群沟通逻辑在动员中的形变

以群众路线的方式推动法治建设的政治动员,从执政党的角度来看,是党与民众进行直接沟通的一种有效方式。这种方式在实践中有的会经过国家机制的传递,有的则会越过国家机制直接发生,因此在结果上也就存在着一定的差异。作为一种体现人民民主的权力运作形式,群众路线体现着权力内涵,但由于群众路线首先是以普遍性的方式发挥作用的,其在实际运作中能在多大程度上发现民众诉求的个别性是不确定的,而法治在具体层面上的个别性也决定了群众路线方式发挥作用的限度。

(一)人民民主中的权力安排

确立民众的主体性地位,意味着在法治的背景下,"政党(国家)""民众"之间的"主体—客体"单向动员,转化成"政党(国家)""民众"之间的"主体—主体"互动这样的相互主体性动员。在"政党(国家)"与"民众"的相互主体性关系中,动员的单向流动转变成了相互流动,双方都在通过自己的意愿建构政治议题,并试图影响对方,动员主导者的意志虽然仍然可能得以实现,但在实现过

---

① 董宝训:《当代中国政治文化研究(1949—1978)》,博士学位论文,山东大学,2009年。

程中要受到动员对象的重大影响,从而在最终的政治议题建构中体现双方的意志和影响力。从执政党的层面来看,这实际上也是一个真正的"民主集中"的过程。① 群众路线的沟通逻辑,至少从目标上看,乃是一种民主式的权力逻辑。作为权力的运转方式,无论是民主还是专制都没有改变权力内涵,而是通过不同方式的运作影响权力的结构,从而调整权力背后的利益与价值分配。因此,从权力的实质来看,民主并不比专制更具有正当性。之所以出现了对民主的价值偏爱,是因为与民主相对的专制式权力结构安排虽然对每个人都有吸引力,却不会让大多数人都能够从这种权力结构安排中获取更多的利益,从而,对于大多数人来说,民主就比专制更值得追求。

群众路线体现的是人民民主,从话语所体现的价值层面来看,人民民主明显是以多数为基础并且以之作为正当性根据的。从实际功效来看,群众路线本身就包含了政治的下沉逻辑和下层取向,因此,群众路线除了表示政治姿态的降低及对于下层利益需求的倾斜外,还隐含着利益与价值分配的下层取向,从而体现政治权力向下移动获取政治资源,以及政治支持向上移动增加政治正当性的同步运动。这种对于权力的理解,实际上已经使对民主的理解发生了位移。在此意义上,要充分地理解民主,就必须正视其中的权力:"民主实际上就是对权力的结构化安排,而这种安排有益于多数人利益和价值的实现,这就意味着对于民主的理解不再是以权力的归属为中心,而是以权力的结构化安排是否有益于多数人利益和价值为中心。"② 这同时也就意味着,民主的实质性内容也就不能再完全以权力归属来进行衡量,

---

① 参见吴茜《中国特色人民民主:人民当家作主的权力与权利相统一》,《党的文献》2010年第2期。

② 章伟:《预算、权力与民主:美国预算史中的权力结构变迁》,博士学位论文,复旦大学,2005年。

民主的权力结构化安排可以通过一种制度性的权力划分,来获得民主的实际效果。群众路线作为一种颇具政治意涵的工作方式,以一种非制度化的方式切入当代中国的法治建设,成为动员法治的一个重要形式,它联结着党与群众,发挥着沟通党民的作用,但也会使既有权力的分配发生某种变形。

(二) 内容与形式的选择

群众路线作为一个沟通党与民众的工作性联结,其实是要将政治动员的主体与动员对象联系起来,其首先以一种形式的方式发挥作用;而其所要达到的目标,则主要是通过发现被动员对象所反映的情况,来适时地调整更高层面的政策。然而,群众路线在政治动员中的出发点却始终是集体性的,虽然可以反映个体的需求,但在理论逻辑的本质上,"群众路线是通过集体性的概念如人民和群众等来进行政治动员、利益整合和成员规训的。它忽视甚至压制特殊的个体需求"[①]。中国在确立法治的过程中,已经逐步将各种权利正当化,从国家的层面来看,法治不但将特殊的个体需求合法化,而且容忍甚至鼓励个体以法治的方式来表达和实现权利。由此引出的一个重要问题是,群众路线能否发现普遍性的个体诉求?如果发现了诉求的具体内容,那么是否会由此导致个别化和多样化?如果规训了诉求表达方式,以实现诉求表达方式的法治化,那么,通过法治的形式或方式来消解诉求多样性,是否又会带来个体需求的无法普遍化问题?

在发生机制上,法治中国建设虽然是在宏观的政治层面发动的,但促使发生这种转变的动因却无疑是基于特殊个体的特殊情况所形成的特定案例。这些案例首先表现的是个体化需求,但对于这些个体化需求的满足,国家层面所能够提供的解决措施则必须是一套规则,这

---

① 马艳朝:《信访违规行为的惩罚问题研究》,博士学位论文,山东大学,2013年。

套规则实际上就是公共产品,它虽然是为了解决特殊的个案出现的,但在形式上却必须具有普遍性。与此相对,群众路线作为一种普遍的动员方式,也需要在特定个案中落到实处。所以,群众路线这种政治动员的形式,仍然需要通过个案来填充实际内容。而通过群众路线来进行法治中国建设的政治动员,除了发现个别化的需求外,更重要的作用在于推动诉求表达、实现方式的普遍化,也就是法治化。[①] 群众路线处于实质诉求和形式表达之间的联结点,但其目的和功能绝不能是通过实现个别需求,来否定诉求表达与实现方式的法律普遍性。在此意义上,群众路线所隐含的形式与内容的选择并不重要,真正重要的是在进行沟通的过程中,群众路线实际上能够发挥多大的作用。

---

① 参见徐靖《论法律视域下社会公权力的内涵、构成及价值》,《中国法学》2014年第1期。

第四章　法治中国建设动员的基本范式

一切抽象目标的实现均需借助相应的手段。在法治中国建设的政治动员过程中，动员主导者虽然与对象之间存在着双向互动的关系，但对于达成动员议题的认同聚合，动员对象的主体性作用显然没有动员主导者大，为了实现动员目标，动员主导者必须采取相应的动员手段。法治中国建设的政治动员手段，实际上就是采取将法治这一宏大的抽象政治议题予以政治具象化的方式。政治动员有各种方式，例如，有学者归纳出了宣传鼓动、受训控制、典型示范、组织控制、权威支配、蒙蔽性诱导、强制性参与、大规模的群众运动八种具体的动员方式。① 这些动员方式在很大程度上是集体化时期的政治遗产。改革开放后，党和政府运用集体化时期遗留下来的政治社会化的制度、庞大的"宣传网"和近似于"全民运动"的政治社会化的方式和改革开放后新创立的一些政治社会化的方式，保证了改革开放后创新的政治文化、意识形态能够及时传递给广大人民群众，使得他们及时达成对于意识形态话语的认同，从而顺利完成了转型时期中国党和政府政治合法性的建构。②

---

① 参见关海庭主编《20世纪中国政治发展史论》，人民出版社2002年版。
② 参见孟瑞祥《乡村振兴战略视野中的政治文化：样态与形塑》，《理论导刊》2019年第7期。

作为政治社会化的一部分，上述具体手段在法治中国建设的政治动员过程中都有所应用，在传播法治文化和塑造法治意识形态中发挥了重要作用。不过，这些方式并不是杂乱无章地平面式排列在一起的，而是可以被类型化的。全面推进依法治国的权力运作逻辑，可以参照政治动员的要素，按照从由表及里的层次，以"意识形态的国家机器"提纲挈领，将法治宣教、组织控制、利益整合等组合成一个有机的结构，但各种动员方式均需透过意识形态发挥作用：法治宣传教育是建立法治中国建设的政治认同的主要手段，媒介传播、典型示范及从政治上将法治予以符号化和仪式化则是法治宣教的三种主要方式，在此，一些负面合法性资源也可以被有效利用；宣传教育之所以能够有效地推行，与对政治动员主导者进行有效的组织控制有关，利用传统的自上而下的模式，通过身份的组织化控制、受训控制与考核控制等，法治教育与法治行为选择得以被强制推行；但要真正实现法治建设的政治动员，根本上是要完成社会主体之间的利益整合。除此之外，随着网络等新兴媒介的出现与快速发展，法治中国建设政治动员的方式与内容也在发生着重要变化，传统的群众参与形式随之发生了改变，反向动员现象也随着新媒体的广泛运用而发挥出越来越重要的作用。

第一节　法治宣教

作为我国"政法"领域工作的一部分，虽然法治只是各种媒介宣传内容中的一小部分，但并不意味着法治宣教的重要性被消解，对于法治的宣传教育为法治文化建设作出了重要的贡献。不过，通过政治动员的方式来推动法治，先天地决定了法治的宣传教育属于意识形态宣传教育的一部分。也就是说，"政法宣传"和"政法教育"本来就具有意识形态属性。从意识形态认同的角度来看，法治宣传教育必不可少，政治权力的运作并不仅仅依靠暴力机器，更多时候是依靠"软性"的力量，比如政治符号的运作，从而得到民众的认可以至于获得合法性。① 从具体方式来看，法治宣传教育往往要利用各种媒介传播，通过树立法治"典型"等示范活动，塑造和传播静态的法治符号与动态的法治仪式，达到让法治深入人心的目的。

一 媒介传播

法治的媒介传播，是借助各种传播介质对法治进行的传播。法治的传播媒介其实就是传播法治的载体，会议、报纸、广播、电视、网络、自媒体等就是这样的载体。各种传播方式所借助的是何种介质并不影响传播的本质。梁启超曾说，报馆有两大职责，一是监督政府，二是导向国民。② 近代以来，媒介在国家的法治建设中继承了这两种品格，一方面作为民众法治思想的启蒙者、导向者，一方面充当政府与责任机构的监督者。从导向者的角度来看，媒介的传播能够向民众传播最新的法治理念、法治新闻与法治政策，作为执政者法治动员的推手以说服和感染民众认可、支持甚至参与到具体的法治建设任务当中来。而从监督者的角度来看，传播媒介可以对法治动员的事项做出事前、事中与事后的监督评价，同时，大众媒介还能够对国家法治进程中某些不当的做法发挥舆论作用，促使动员主导者不断修正自己的目标与实践细节。在政治动员过程中，会议更多地体现体制内传播介质的特点，而报纸、广播、电视等则更多体现大众传媒的特点。从受众上看，借助大众媒体的法治传播具有更广泛的影响面，因而也更受

---

① 参见龚廷泰《论中国特色社会主义法治理论发展的法治实践动力系统》，《法制与社会发展》2015年第5期。
② 参见夏勇《飘忽的法治：清末民初中国的变法思想与法治》，《比较法研究》2005年第2期。

政治动员主导者的重视。由于法治内在地包含了权力划分的法治化，受其影响及大众传媒自身发展规律的制约，大众传媒的功能扩展也有可能会产生对法治的逆向宣传效果。

（一）法治的传播介质

开会是中国人所熟悉的一种工作方式。在政治生活中，会议往往与民主联系在一起，而民主又是检验政治正当性的一个基本价值准则和制度建构，从而会议既是汇聚民意、形成政治议题的方式，也是产生政治决策的决定性方式。基于会议与民主之间的这种内在深层关系，开会就成了一种重要的政治手段，而相关决策主体通过会议所形成的决议决策，也就具有了政治效力。尽管相关会议的基本内容和精神可以借助报纸、广播、电视等现代媒体向社会传达，公示公告等也可以起到宣传和信息交流的作用，但通过从上到下的会议层层再传达，历来是政治传播的一个最为重要的手段，也是最具有现场感的一种精神与意识传达方式。作为政治议题和政治决策产出结果的"法治"，无论是最初的"依法治国"，还是"全面推进依法治国"，都是最高国家政治会议决策与精神的产物。一切体制内的机构都有义务逐级进行会议传达，从而将法治从最高决策层传递到基层，并借助基层党组织的作用扩散至整个原子式的社会个体，从而影响各个社会主体，这种过程其实就是法治社会化的过程。所谓的法治社会化，是借助社会的作用，塑造社会成员信仰法治的态度、动机与思想的过程。法治社会化的特点包括能动与被动的统一、连续与渐进的统一、差异与相似的统一，外化与内化的统一、社会参与与国家主导的统一等。① 可以说，通过会议进行法治的体制内传

---

① 相关研究，可参见范进学、张明皓《法治社会化：概念及其功能》，《学术与探索》2000年第3期；李春明《当代中国的法治社会化：缺失与建构》，《齐鲁学刊》2004年第6期；徐邦友《法治社会化：概念、内容与路径》，《观察与思考》2015年第1期；关保英《行政法治社会化的进路》，《法学》2015年第7期；朱悦蘅《行政法治化：进路与方向》，《马克思主义与现实》2017年第1期。

播具有政治强制性的作用，但是这种强制性并不一定意味着法治就一定会得到积极的回应与果断的贯彻，要促成法治社会化，还要在强制性与回应性之间达成一个基本的平衡。

对于大众来说，在教育普及化的现代，法治精神与价值观的传播主要是借助报纸、广播、电视等大众媒体进行的。大众的主要娱乐空间被大众媒介占据后，就可以成为传播法治的重要意识形态空间，既是对法治建设政治动员进行监督的重要手段，也是传播法治的重要通道。不过，影响大众观念的有效方式，显然不一定是冗长的、正式的政治会议（除非这种会议与他们的切身利益直接相关），而更多的是那些带有全民狂欢色彩的热度娱乐话题，正因为如此，一些媒体专门开辟的法治频道、法治讲坛、法制栏目剧等，以"热媒介"的形式对于向大众传播法治所起的作用将会更大。后者这种潜移默化的方式，在形式上更易为一般社会大众所接受，可以在不知不觉中达到法治传播与法治人格塑造的效果。不过，是否能够有效地达成这样的目标，与媒体在传播过程中所采取的策略、对法治本身的理解是否有偏差、对于材料的选取与重点内容的表达是否得当等存在着重要的关系。比如，为了迎合"六五"法治宣传教育，安徽省肥东县文化馆对一些传统的折子戏《审米箩》《峡砚清风》《包公斩》等进行改编，以展现古代官吏两袖清风、不徇私情等，其传递给公众的信号实际上很难说是现代意义上的法治，有失偏颇。相反，CCTV12 的《普法栏目剧》等就具有很好的法治普及效果，能够让一般民众产生认同与共鸣。媒体在传播法治的时候，本身就是一个再创作的过程，即使不考虑法律的专业因素，也会存在传达的变形现象，从而误导公众。例如，因为电信诈骗猖獗，个别案件造成了受害人死亡的结果，电视媒体上笼统地向公众传播"六种"情况下的电话一律拒接，包括自称是"公检法"机关的，在实际上就误导了公众。显然，大众传媒对于法治理念与精神的错误理解与传播，会影响大众的行为方式，对于形成法治型的社会交往结构与模式都有可能产生不利影响。

(二) 大众传媒的公共功能扩展

如果大众传媒在很大程度上是作为政治附属品出现的，那么其生存就并非由在社会中的谋生能力决定，而是由其与政治之间的关系决定的。大众传媒与公共政策之间有着直接的关联性，以大众传媒为手段，可以提高公共政策的科学性、有效性、透明性，但是大众传媒的普及使得其公信力逐渐下降，给公共政策的制定带来一定的影响。① 因此，大众传媒的地位取决于它与政治的定位，当它相对独立于政治时，它主要是自谋生路、走市场化路线的；当它完全从属于政治时，它便需要政治提供最主要的生存条件。但无论哪种情形，不管是相对独立还是从属于权力，政治试图直接或间接、显性或隐性地控制、影响大众传媒，却是必然的。这种与政治的特殊关系，决定了大众传媒在具有政治优势的同时，也可能会在社会的转型过程中因为其他能力的弱化而面临生存危机。在社会转型过程中，越是缺少独立性的媒体，越是容易遭遇生存危机。特别是在一个经历了市场化的社会空间中，大众传媒的生存就会受到更多的非政治因素的影响。② 在所有的社会结构中，一切社会主体在遵循社会通行规则的同时，都拥有和寻求自身的自主性，都会按照自身的发展规律运作。大众媒体毕竟不同于专门的政治媒体，特别是在市场化的经济机制中，大众媒体的运行逻辑和生存逻辑都与专门的政治媒体存在着较大的差异。如果把公共领域当作与政治领域相分离的一部分，那么，"作为党和政

---

① 参见王志锐《社会转型时期的大众传媒与公共政策》，《新闻传播》2017 年第 23 期。
② 参见汪晖《去政治化的政治与大众传媒的公共性》，《甘肃社会科学》2006 年第 4 期。

府喉舌的大众传媒随着政治体制的放权与分权以及基层民主建设的深化，也开始具有了一定的公共领域的功能：既是政治治理结构的一部分，又承担了国家与社会'中间领域'的角色"[1]。大众传媒自主性的增强，同时也就意味着大众传媒由政治领域向公共领域的延伸。

在政治对于社会的全面支配弱化之后，大众传媒受政治支配的力量减弱，政治责任亦有所弱化，公共责任与职能则有所增强。大众传媒在引导和塑造大众健全的公共意识方面需要担负责任，然而，在生存取向上，大众传媒又建立在对于大众品味的依赖基础上。对于大众传媒来说，其运行逻辑如果能够形成大众传媒的产出恰好为大众意识所需要、大众意识所需恰恰为大众传媒所引导和塑造的状态，那么，就会建立大众传媒与大众意识需求之间的正相关或者说"良性"循环关系。然而，在依赖政治而生存的时代过去之后，大众传媒的生存在很大程度上将由其自身的生存能力决定。在一个以市场和商业为导向的经济模式中，大众传媒的生存也将从根本上依赖于其在市场经济中的生存能力。所谓的市场，其实在很大程度上就是大众的需求。除了基于自然欲求外，大众心理、精神层面的需求也具有一定程度上的可塑性。随着大众传媒的产业化（商业化）、自主化，大众传媒开始有意识地正当化大众的欲求，迎合大众的娱乐性与精神欲求，并为了满足大众的各种品味而生产精神产品。[2] 作为中国欲实现的一个基本政治目标，法治在被大众传媒传播的同时，相应的政治理念也在传播着，并且这种传播是在公共领域进行的。这实现了大众传媒由过去的

---

[1] 田北海：《城市务工经历、现代性体验与农民政治效能感》，《甘肃行政学院学报》2019年第3期。

[2] 参见夏洁秋《相互承认的表达：公共政策过程中的大众传媒功能》，《南京社会科学》2007年第9期。

政治功能向公共职能的一次扩展。然而，在大众传媒的功能扩展中，也出现了对法治的逆向宣传。大众传媒在遵循媒体传播规律的同时，还需要考虑其经济生存处境，基于这两种逻辑对于大众传媒功能发挥的支配作用，如果缺乏有效的法治制度框架规制，出现大众传媒对于法治的逆向宣传就是不可避免的。如果没有正确的政治引导，大众传媒为了迎合大众的口味，便更易于传播偏离法治精神和法治意识的新闻。

二 典型示范

典型示范是法治宣传教育的一个极为重要的方式。这里所谓的典型，主要是指对于法治建设的助推而言，能够产生积极正能量的、具有示范性的主体。这一主体可以是个体的人，也可以是特定的群体或"单位"，还包括某些案例。相对于一般的媒介传播，"典型"因更具体、更形象而易于对大众产生"示范"作用。"典型能够为其他学习者提供符合国家政治需要的清晰化、形象化的模板，让人民群众学有方向、赶有目标，通过发挥典型的引导示范功能，通过大规模学习典型的活动，最终实现以典型为标准的'模式化'动员目标。"① 从法治建设的政治动员视角来看，法治上的典型示范主要体现在两个方面，一个是政治典型的法治示范，一个是法治典型的政治要求。

（一）政治典型的法治示范

法治的蓝图建立在基于法律基本规范的政治秩序之上。对于法治水平的评估需要建立在与法治相关的行为上，如年度法治人物与法治事件评选的根本标准应该是相关人物或事件与法治精神实质的内在相关度，不过中国在根本上强调法治是政治的一部分，特别是在全面推

---

① 易申波、聂平平：《当代中国公民政治参与70年回顾：发展历程、逻辑与动力》，《上海行政学院学报》2019年第4期。

进依法治国的政治环境下,法治典型有双重要求:法治典型首先应当是一个政治典型,政治典型也必须同时符合法治示范的要求。

通常,国家领导人更多是以法治宣讲者、号召者的身份出现的,其本身对于法治的尊重,特别是以其行为来践行法治,似乎在媒体的宣传报导中体现得并不明显。相对于法治宣讲,示范性的行为或事件,如中央领导人或领导集体每年定期听专家讲法治课,接见在全国有重要影响力的讲课者,向公众传导的法治信号更为强烈。在此情境中,政治领导人以"学习"法治的姿态展现在公众面前,基于我国政治与行政传统,政治领导人虚心学习的态度和对法治的尊重,可以借助这些具体的事例和惯例化的制度向公众传导法治的信号。从传播效果上来说,能够给公众留下更深刻印象的,不是宣讲,而是个案事例。法治宣讲的效果其实更多是通过"反复"重播的形式来予以强化的,因此,在根本上是一种意识形态灌输的方式。若媒体对于高层领导听法治课的新闻报道,重点突出的是领导人的讲话而不是讲课的内容,从树立公众法治意识上来看,对法治进行"宣传"的意义就大于对法治进行"学习"这一行为的关注。一般的法治人物的法治行为示范远没有政治人物的法治示范更具示范效应,毕竟同样的法治话语或法治行为,由不同的人来表达或践行,其效果是截然不同的。政治人物,特别是最高政治领袖的法治示范,其所展现出来的基本认识、态度特别是行为倾向,无论对于政治群体中的一般成员还是社会大众,以及整个社会而言都具有重要的引导示范作用,在惯例的意义上,甚至能够形成一些特殊的"规矩",起到匡正社会风气的作用。不过,政治人物和政治组织虽然可以政治动员主导者的姿态成为法治的示范典型,但由于法治在根本上是规范人的行为的,所以,真正应该树立的典型不是政治个人或组织,也不是对于法治话语的宣教,而是行为、制度的法治化。在此意义上,对于各区域与各单位的法治宣传教育，对依法治市、依法治企、依法治村、依法治校示范单位等的宣传，重点应该放在其行为方式上。在法治宣传中过多强调人物或组织的政治性，而忽略了其符合法治的"行为"，反而有可能从反面强化对人治的宣传。

（二）法治典型的政治要求

选取法治典型的过程往往需要从政治的要求出发，无论是基于政法传统还是其他理由，法治典型的选取过程都必然会考虑政治要求。从这个意义上看，"政治正确"往往是树立法治典型的必备条件。法治典型可以在政治表现上不突出，但至少不能存在瑕疵，除非选取的是反面典型，也就是说，政治是一个否定性标准，存在政治问题会被直接排除。因此，在正面的法治典型的评选和塑造过程中，有两个标准在同时发挥作用，一个是政治标准，一个是法治标准。法治标准存在着一定的专业性，但并不必然要求如此。例如，"十大杰出青年法学家"、"资深科学家"（法学家也在科学家之列）等的评选，尽管法治的专业标准是最高的要求，但是政治的标准则如同"木桶原理"中最短的那块木板，往往会在遴选法治典型的过程中扮演"门槛"的角色。相对于法学家或科学家，优秀法官、检察官的评选标准在政治性的要求方面就要更高一些。不过，法治标准与政治标准毕竟不是相同的概念，法治与政治之间也并非完全契合，这两个标准之间由于存在一定的差异而导致问题的复杂化。

典型示范的作用机制，在政治动员的技术层面来看，包含着一个再创作的过程。通过再创作的过程，典型的形象与日常生活中的形象开始发生分离。任何典型在日常生活中的形象与政治生活中的形象都是不同的，这主要是因为两者的评价标准不一样，政治生活中的形象是以政治为标准对其进行裁剪加工的结果，其中包含着对其政治身份、行为或话语的重新诠释。

三 法治符号与仪式

作为一个共同体，国家在政治层面必须建立起各种政治符号和政治仪式，这是形成公众对于政治认同的重要方式。例如，国旗、国徽、国歌等国家标志，对于公众的国家认同就发挥着重要作用。广义的政治认同与更小范围内的政策认同都和政治符号、政治仪式有关。"政策认同与政策主体、政策对象、政策环境紧密相关。但是，一个新政权或新制度的建立要获得大范围内的公众认同，在相当大的层面上与政策组织有关，与政策组织的动员能力有关，也与代表国家凝聚力的各种政治仪式和政治符号相关。"① 作为广义政治的一部分，法治的传播和认同也需要借助法治符号和法治仪式。通过各种符号来表现和张扬法治，是一种静态的传播；将法治表现为政治仪式，是一种动态的传播。

（一）法治符号

任何践行法制的国家，都有作为政治表达一部分的法律的符号，"独角兽"就是中国传统中的法律与政治符号。② 但是，与现代法治相伴而生的法治符号，即使利用了一些传统的形象，也已经和传统表达的理念有所不同。通过价值的重新诠释赋予法治符号新的意义，促进法治符号内在精神的变迁，是有效推动法治建设必不可少的手段之一。体现法治的符号非常多，其中，最主要也是最常见的有标语口号、职业符号、纪念日等。

---

① 陈潭：《政治动员、政策认同与信任政治——以中国从事档案制度的推行为考察对象》，《南京社会科学》2006 年第 5 期。

② 参见姚建宗《法治：符号、仪式及其意义》，《河南省政法管理干部学院学报》2000 年第 2 期。

1. 标语口号

法治标语口号是最常用、传播最快、最易深入人心的法治符号,对人们的法治观念塑造和法治意识的形成所起的作用也最直观。不过,标语与口号虽然有着密切的关系,但两者还是存在着一定的差别。"苏区时期,红色标语宣传既是中国共产党进行革命动员的重要手段,也是宣传中国红色政权的重要媒介与工具。从党领导下的红色政权建设高度来认识,可以发现,苏区标语大量的是宣传建立工农兵苏维埃政府、宣传工农民主专政、宣传拥护和保卫苏维埃政权等方面的内容。这些方面的标语宣传,起到了良好的政治影响,起到了对人民群众的教育作用。"① 虽然标语与口号存在着差异,但就标语与口号均系传达制作者意图的载体而言,二者的差异就主要是形式上的,虽然效果可能也存在着一定的差异,但由于两者无非都是在传达制作者的意图,并且往往传达同样的内容,因此它们就只是同一内容的不同载体。例如,某警察职业学院在办公楼悬挂有这样的标语:"忠于党、忠于祖国、忠于人民、忠于法律"。该学院教师在带领学生进行日常训练时经常喊同样的口号,无论是对于教师还是学生,反复的口号呼喊与平时抬头即见的标语宣传,已经深入他们的意识里,从而成为一种无意识。对于这些老师和学生来说,任何人都可随口喊出这一口号。从效果来看,标语口号尽管存在着一定的形式差异,但其实也是在向动员对象传达着政治与法治信息。就上述标语口号而言,四个"忠于"的排序就是一种有意的安排。通常,政治宣传中往往把最重要的内容放在最前面。这是因为,无论是从听觉还是视觉来看,最初或第一个进入对象视野和耳中的,往往留下的印象最深刻,因而也容易进入对象的意识当中。"标语,

---

① 颜清阳、段刘娇:《从红色标语看苏区的红色政权建设》,《中国井冈山干部学院学报》2018年第3期。

特别是与政治相关的标语，是一种自上而下的普遍灌输方式，在中国起到'扩音器'的作用。它以其强烈的视觉冲击效果进入人们视野，强迫人们阅读，人们也非常'适应'一种方式，这与长期以来人们的认知方式有关。"①"党—国家—人民—法律"的前后顺序，包含着标语口号的最初制作者对于四者重要性强度的认识和意图，也间接地阐明了政治与法律的关系。由于党、国家、人民都具有主体性的特点，相对于前三者，法律被置于一种辅助性（即便不是工具性）的地位。在四者的排序中，党处于第一位，实际上已经表明了政治对于法律的优先性。

自2013年12月中共中央办公厅印发《关于培育和践行社会主义核心价值观的意见》以来，社会主义核心价值观24字标语口号就在全国各地被宣扬。从内容来看，社会主义核心价值观包含了三个层面：国家层面的富强、民主、文明、和谐；社会层面的自由、平等、公正、法治；个人道德层面的爱国、敬业、诚信、友善。把法治上升到执政党意识形态核心内容的层面，这也从另外一个侧面体现了执政党对于法治的认识和重视程度。相对于"忠于党、忠于国家、忠于人民、忠于法律"的价值降序排列，法治处于24字核心价值观所倡导的平面结构中，形成了与自由、平等、公正并列的价值形态。如果考虑到法治价值理念背后拥有制度建构这一情况，对于作为意识形态的法治的理解，可能还会更深刻一些。

2. 纪念日

所有节日都具有特定的含义。例如，端午节就传达了"君仁臣忠"的政治伦理意识。在法治的历史上，也有一些重要的日子成为政治与法治符号，传达着特定的信息。12月4日，是中国现行宪法在

---

① 王俊拴、宋彩梅：《论作为政治符号传播的标语形式》，《东南传播》2012年第8期。

1982年正式颁布实施的日子。2001年12月4日成为中国的首个法制宣传日,并且从此开始年度性的纪念活动。2014年,经全国人大常委会通过,12月4日成为中国的首个国家宪法日,从而成了一个极为重要的法治符号。这个日子具有重要的纪念意义,大众虽然可能对"八二宪法"本身的内容不清楚,但通过这个日子,一定会记住、回忆"宪法"的存在,从而感受到这个特殊的日子所蕴含的政治信息。这个日子,对于法学界特别是宪法学界来说,是其最为推崇的一个纪念日。之所以如此,除了有"依法治国就是依宪治国""依法执政就是依宪执政"这样的国家最高领导人的正式宣讲外,更关键的是执政党、政府、宪法学界都赋予了"八二宪法"不同以往宪法的特定政治期望。由于在"八二宪法"之后所有对宪法的修改都是以宪法修正案的形式进行的,因此,"八二宪法"其实已经在某种意义上承担起建立新的国家制度的文本重任。尽管有学者主张将"五四宪法"当作中华人民共和国的真正宪法精神的体现,"七五宪法"和"七八宪法"是对"五四宪法"的背离,"八二宪法"则是"五四宪法"的回归,然而,至少现在的主流意识是把"八二宪法"当作宪法的真正基准:相对于"五四宪法",改革开放四十年的成就只有在"八二宪法"的框架中才能够得到有效的解释,才能找到真正的宪法根据。

在把12月4日设定为国家法治符号的过程中,执政党和国家实际上也在强化着对于自身、大众的法治认同,激起大众的认同意识,从而通过逐渐的强化,赋予12月4日更多的政治与法治意义。无论是否承认,在竞争宪法正当性及由此衍生出来的执政正当性理论基础的过程中,以竞争和斗争为主要内容的阶级论同以合作为主要内容的契约论之间的理论竞争实际上在很大程度上是契约论取得了优势。这对执政党据以立基的执政合法性基础产生了很大冲击,甚至在某种意义上会逼迫执政党进行执政理论基础的转换和重新建构。将12月4

日由国家的法制宣传日进一步升格为国家宪法日，实际是在塑造国家法治符号的过程中进行着执政党和政府正当性论证的转换，从而赋予这个特定日期特别的政治与法治意义。

3. 职业符号

除了大众耳熟能详的法治标准口号及特定的纪念日外，与法律职业相关的符号也同样具备潜移默化地进行宣传教育的功能，从而服务于法治动员。例如，中国古代通过官服标明政治等级身份，现代法官、检察官等从事法律职业的特定人员服饰的变化，也在彰显着其内在的精神意识和追求的变化。原来法官所穿着的、极具政治军事色彩的准军服演变成现在的法袍，惊堂木变成法槌等，都在显示着法治意识的强化。同样的涉法律事务，原来的警察、法官、检察官等公检法人员所从事的属于政治专政性质的工作，具有明显的"刀把子"色彩，体现着浓郁的阶级政治。这种从其外在的服饰标志即可辨认出来的精神意志，既会强化公检法人员内部的辨识与认同，也会强化一般公众的辨识与区分，从而通过服饰的特定化来显示职业、政治与意识的区分。中国对上述人员从制式服装向国际流行色的转变，除了显示融入世界共同体的意愿之外，从政治的角度来看，也是在传递国家政治意识的转变。不过，让法袍、法槌和法院建筑等更加彰显法治的权威，强化法官的中立地位与色彩，其实并不是真正地弱化政治，而是因为政治与法治之间的内在一致性在增强，从而看起来似乎是政治的影响在减弱。另外，一些如孙志刚案、雷洋案等重大的法治事件，因其对或可能对推动中国法治制度的改善、民众法治意识的提高等发挥了重要作用，也变得具有法治符号的意义。

(二) 法治仪式

如果把法治符号看作静态的，那么，法治仪式则是动态的。相对于法治符号，法治仪式会让受众的感受更为直观，法治符号提供的是存在感，法治仪式提供的是现场感。粽子、月饼这些端午节、中秋节的节日符号，仅仅因为物象就会引起人们的联想，这是基于传统而形成的中国人的记忆，包粽子、赛龙舟等活动则是一种动态的回忆。同样，作为一个重要的法治符号，12月4日被定为宪法日很难说形成了传统，毕竟无论是作为法制宣传日还是国家宪法日，其存在的时间都还太短。不过，作为一个政治与法治符号，基于1982年12月4日通过现行宪法的事实，12月4日成为法制宣传日后，其与宪法之间的历史关联开始更为广泛地进入公众的记忆。在这一天，有一个不算正规的法治仪式正在将这个法治符号稳固下来并广为传播。从2001年开始，每年的12月4日20点黄金时段，中央电视台一套节目都会推出大型专题晚会《法治的力量——CCTV年度十大法治人物评选暨颁奖晚会》。从全国的受众范围来看，称这档晚会是中国的第一法治节目品牌并不为过。通过这台晚会，人们能够更深刻地意识到宪法的存在，意识到宪法与法治的关联，并通过观看晚会的流程而真切地感受到法治的"仪式"。晚会的整个流程，在某种意义上是在对一般公众展示典型人物、事件特别是法治的理念、意识，甚至是法治的运作。在这场晚会中，入选的法治人物和事件会得到重新的梳理、讲述甚至是不同于以往的评价。既然是评选法治人物，这种人物的行为模式、推动中国法治制度与进程的历史性贡献等就会在这台晚会上得到总结，从而传达给社会和大众。晚会的流程本来就是一个仪式，并且这个仪式与法治的密切关联会借助电视媒介向所有大众传播。因此，对于普通公众来说，这台晚会的法治意识塑造力可能远超过一般的法治宣教，可以说，12月4日是公众政治记忆与法治意识的凝聚。

宪法宣誓是另一个重要的法治仪式。党的十八届四中全会提出，"凡经人大及其常委会选举或者决定任命的国家工作人员正式就职时公开向宪法宣誓"。2015年7月1日，党的十二届全国人大常委会表决通过实行宪法宣誓制度的决定,并将该制度的适用范围扩及"一府两院"任命的国家工作人员。也就是说,对所有的公务员,特别是对从事法律事务的公务人员(含法官、检察官等职业法律人)来说,向宪法宣誓是他们的一个重要入职仪式。对于党员来说,其政治生命中第一个重要仪式是入党宣誓;对于公务人员来说,其公务生涯的第一个重要仪式将是宪法宣誓。入党宣誓会激起党员的崇高感和使命感,对于形成对党的认同具有重要的作用;宪法宣誓则会激起公务员对于宪法权威的意识,以及对法治的认同感,这对于形成公务员的宪法、法治认同具有重要的作用。

在大众的日常生活中,让大众最能切身感受到法治仪式的,是其自身实际参与的司法程序。司法程序是最常发生、最有仪式感的法治仪式,也是通过诉讼来展现法治的最主要途径。相对于其他仪式,司法程序具有更为正规和完善的特点,也是体现法律权威的一个重要方式。诚然,法治要体现大众的意志,但法治的实现必须要求法律的权威性。司法仪式通过程序化的进程来表达对于法律的遵守和尊重,对于传达法治理念来说,其让大众感受到法律的庄严、不容亵渎的价值更大。在此意义上,过于简单、随意而不注重法律仪式性的审判,特别是强调亲民性而忽略了法律的仪式性,对于塑造民众的法治意识有可能会起到相反的作用。当然,法治除了仪式这样的必要形式外,实质的法治精神是必须被蕴含在仪式之中的,法治绝不应当仅仅向公众传达出仪式而忽略了实质性内容。

第二节 组织控制

作为政治的一部分,法治的宣传教育之所以能够有序、顺利地推行,得益于政治动员主导者对其成员能够进行有效的控制,以及政治改革过程中自身组织体系内部的法治化约束。这种控制主要是基于身份系属关系形成的组织控制。组织能够利用传统的自上而下模式，主要通过身份的组织化控制、受训控制与考核控制等，强制推行法治教育，并利用执政党组织体系进行扩散，从而在社会主体层面实现法治的全民动员与教育。基于执政党全面领导国家建设这一潜在结构，对于党员所进行的受训控制、考核控制等，均可以通过组织化控制形成全面的辐射态势，从而有利于对政治动员的推进产生积极效果。

一 身份的组织化控制

共产主义（社会主义）政党在党的组织与党员之间的关系上，都不是纯粹以意识形态认同为主要标准的松散关系，而是以思想认同为前提、具有严格的身份系属要求的紧密关系。这主要可以从党员与基层党组织、单位与政党内的部门之间的关系体现出来。在这种双重关系中，基于身份的组织化控制对于保障法治建设政治动员的实现发挥了特别重要的作用。

（一）党员的身份系属

在中国，要想形成一个强有力的团体，就必须通过建立铁的纪律与秩序来维系团体与成员之间的紧密关系。中国共产党之所以能够发展成为一个强大的政党，并且最终成为执政党，在很大程度上是因为它能够有效地在政党与党员之间建立紧密的关系。相对于国外的一般政党，中国共产党对党员的遴选有着高标准与严要求，这种高门槛并不因为党员人数的众多而打折扣。党员身份准入门槛的高标准客观上增加了一般社会成员加入共产党的难度，也为政党的精英化提供了一定的保障条件。由于加入共产党以自愿为前提，所以，在入党后，党组织对于党员施加一定程度上的组织与纪律约束不但是必要的，而且是以党员的承诺和遵守为先决条件的。党组织对于党员施加一定程度的"政治纪律"与"政治规矩"是必要的。这就决定了党员与党组织之间的这种紧密关系带有很大程度上的强制性与纪律性。党员对于党组织的身份系属关系，一定程度上决定了在党章规定的范围内，党组织对于党员具有绝对的支配力。因此，当执政党将法治作为决议内容颁布之后，党员基于身份系属关系也要履行学习法律、按照法治的要求行为的政治义务。当然，这里面也会存在一定的困境，当政党以党内命令的形式要求党员履行党内义务，而这种义务可能会与法治的要求相冲突，基于政治身份所产生的政治命令同在宏观层面上对包括党员在内的所有人有约束力的法治要求之间存在背离时，党员是选择执行党的任务，还是遵循法治的一般原则而舍弃对党的使命的履行将会成为一个问题。

法治虽然是对全体社会成员的要求，但社会主义法治的成型过程首先是由执政党倡导并发出指令的，其所作用的对象首先是各级党组织与党员，其次才是借助党组织与党员向外围渗透从而向全社会推广。这种扩散模式的有效性，正是依赖于党员与党组织之间紧密的身份系属关系。相对于一般的社会公众，党员要承担更多的义务，但是其中的一些义务是超越了法律义务的。也就是说，党员要比一般大众承担更多的义务，这种多出来的义务不是法律施加的，而是政党借助其完备的、庞大的组织形态，针对具有党员这种政治身份的特殊主体施加的组织义务。如果没有严密的组织形态，这种更高的义务是无法在党员中有效施加的。也正是在此意义上，党规党纪的约束力基础不在于法律，而在于特定的身份系属。

(二) 单位的组织系属

政党对整个国家与社会的管理，是通过各个党务工作部门，借助"条"与"块"结合的形式来完成工作的全覆盖。所有的社会主体，除了个体的自然人外，都会因其各种社会关系而成为一定的组织形态的一部分，这种组织形态就是通常所说的工作单位。"单位"这个不确定的概念具有极大的包容性，无论是国家机关、企事业组织等，实际上都是因为个人对于工作单位的身份隶属而形成的组织体。政党直接对个体的动员成本是非常高的，但是通过单位进行的动员就可以有效降低成本。由于单位的存在，政党利用自上而下的支配模式，通过单位的层级管理，就可以借助单位这一杠杆撬动个体，从而实现对个体的动员。

对于官方组织，利用政党或行政等官僚体制即可实现上级对下级的支配与动员，并借助单位的力量完成对具有官方身份系属关系成员的动员。对于非官方组织体，仍然可以通过主管或业务上的联系，对其进行政治动员。例如，传统的政法学院、校、系，在某种意义上可以看作政法系统的派生物。现在，一般的政法院校，在组织形态上不与政党或行政等机关发生直接的领导或管理关系，但是，由于所从事事务的关系，组织部门、宣传部门、政法部门、教育部门等，可以在实质上通过教育等体制的运作，将法治纳入教育体系而成其一部分，从而实现对政法院校学生的法治教育与动员。如社会主义法治理念教育被纳入法学本科院校必修课程，特别是政法干警试点班的课程设置更是体现出了法治建设的政治动员色彩。

二 受训控制

在政治体制内，具有特定政治身份的主体通常都会接受相关的培训与再教育。自依法治国成为党的治国方略后，法治教育已经成了体制内人员的一项"必修课"。从政治动员手段来看，这实际上是一种受训控制。比较典型的法治受训控制方式有干部的法治培训（特别是针对政法工作人员的法治业务培训）、针对法学专业学生进行的法学教育，以及国家统一法律职业资格制度等。

(一) 干部培训

重视干部的培养和使用历来是党与国家工作的一个重要方面。党的领导，即通常所谓的政治领导、思想领导与组织领导，其中特别重要的一个环节就是通过安排干部担任领导职务来实现的。干部素质与能力的提升，除了通过干部在相关职能岗位上的历练外，一个重要的手段和方式就是对干部进行培训。由于干部接触的事务领域通常比一般人广泛，所以干部会接受各方面的培训，法治培训不过是其综合性培训中的一部分。近些年来，几乎各级各类干部均需要接受法治培训。由于多数干部并非法学出身，对于法律的了解程度不一，组织部门通常会安排一些法治方面的课程、讲座等对干部进行基本的培训，特别是关于法治意识、法治思维与法治方式的培训，成为干部处理日常工作、化解社会矛盾纠纷的必备知识储备与意识培养。提高运用法治方式与法治思维解决问题的能力是党的十八大以来党对于干部的基本要求，尊法、学法、守法、用法是对所有干部的普遍要求。特别是对从事政法工作的人员来说，法治不但是一般要求，还是其进一步提高专业素养与能力的一部分。

(二) 法治教育

相对于其他学科的教育，法学与政治的关系极为紧密。这也意味着，法学教育更易得到政治上的重视、关注和限制。法学教育的培养目标，除了专业技能之外，在精神层面的法治精神与意识，在职业道德层面上对于法律的尊重与坚守等，都是塑造和培养法律人的最基本要求。法学教育不以培养法律工匠为目标，而是首先要求在政治上与健全人格上"立人"。于此，法治意识的培养是其中最为重要的环节。由于历史与政治的原因，就所涉及的主要内容来说，马克思主义、思想政治、公安专业等都与法学有着一定的关系，但却都不是纯粹意义上的法学，虽然它们在中国的学科体系中都属于广义上可以授予法学学位的学科。"政法"不仅仅是大学按照专业进行的学校类别划分,在根本上是因为在政治动员主导者看来,法律是隶属于政治的。通过将政治贯穿进法学教育中,实现政治对于法治的动员作用,对于在特定法律职业群体内推进法治意识的普及与认同都将具有重要的意义。

相对于干部的法治培训,最能体现法治教育从娃娃抓起的是在中小学普及法治教育课程,并编制统一的教材。教育部《关于2016年中小学教学用书有关事项的通知》规定,为贯彻落实党的十八届四中全会关于在中小学设立法治知识课程的要求,从2016年起将义务教育小学和初中起始年级"品德与生活""思想品德"教材名称统一更改为"道德与法治"。从思想政治课、思想品德课到"道德与法治"课,这不仅是课程名称的简单变化,更是一种真正的法治普及教育,并且在教育内容上实现了道德教育与法治教育的结合,对于实现法治中国建设的政治动员将会起到不可估量的作用。

(三) 考试制度

制度在引导人的行为上具有规范化作用。要对法治进行动员,一个重要的方式是利用制度进行引导、激励和约束。随着法律职业化的推进,法学的纯粹性和独立性正在增强,对于所有行使权力者进行普遍的法学教育正在成为制度上的建构。例如,将国家统一司法考试在制度上进行调整,改为国家统一法律职业资格制度,就是在制度上强化法治,以便发挥制度对于法治动员的推进功能。自中国在一千多年前推行科举取士以来,考试制度在人才遴选上发挥了重要作用,而其在意识形态领域造成的影响更是深远。建立以法学知识与法学教育为主要内容的考试制度,对于增加动员对象的法治知识、树立共同的法治思维、塑造法治意识和人格都具有重要的意义。基于国家统一法律职业资格制度的作用,特别是其中的考试制度,法治中国建设的政治动员主导者就可以通过考试这种激励与约束并存的制度进行法治意识形态上的引导和管控，变相地强化人们对于法治的认同，从而在更大限度上发挥政治动员对于法治建设的积极作用。

三　考核控制

考核控制是一种以结果为导向的重要组织控制手段。通过考核控制，可以加大动员对象对于法治的认知程度和执行力度，对其行为和意识的法治取向进行引导和监督，发挥监督机制的约束作用。通常，干部考核、年终考核与单位考评机制是考核控制中比较重要的方式。

（一）干部考核

党的组织领导的核心内容是遴选干部，对干部进行各方面的考核是保证干部在意识形态上与党中央保持一致的重要手段。对干部的考核有着特定的评价指标，而在对干部考核机制的调整中，法治正在其中占有重要的一席之地。对于干部的考核事项其实是非常细的，通常所谓的德、能、勤、绩只是一个相当粗放的标准。在这四个标准中，一般对干部的升迁影响最大、占据主要比例的是"绩"。这里需要提出的问题是，"绩"究竟是否包含着法治指标。在唯GDP主义的片面追求中，经济绩效是对干部考核的最主要标准。然而，现在人们已经意识到，经济硬环境与法治软环境之间存在着极其密切的关系。法治软环境的建设，现在已经纳入了对干部的考核体系，并且占比越来越大。考核指标是具有引导意义的，当法治不但被纳入干部考评体系而且被赋予更大的权重时，自然会引导干部在行为方式上发生变化，从而推动法治方式、法治思维和法治意识与能力的提高。

（二）年终考核

对于一般的人员来说，年终考核会与其收入、升迁机会等挂钩，从而在结果意义上加强对于社会主体的意识与行为的引导作用。通常,在一般人的考核指标中,法律往往是作为否定性要素出现的。即只要主体没有实施严重的行政违法或犯罪行为,也没有受到严重的行政处罚或刑事处罚,就认为其在法律上是达标的。不过,一个可以预见的趋势是,在针对一般人员的年终考评中,法律、法治可能不仅作为否定性要素出现,还有可能成为肯定性的要素,即主体不但要"不违法",而且还要有积极地遵守法律、推动法治的行为。当法治成为一般人年终考核的硬约束的时候,法治动员在影响动员对象的意识和行为方面将会被更高层次地放大,而这对于整个社会法治文化的塑造是有利的。

(三)单位考评

现在,除了评选"依法治×"这种典型的正面激励外,已经有越来越多的单位被纳入法治考评的体系,特别是针对国家机关的考评,更是在全国各地纷纷展开。为了完成法治国家、法治社会与法治政府的建设任务,各地推出的"法治××"建设活动,纷纷引入了对于下属或管理单位的法治考评制度。这种考评往往是按照从上到下的任务分配方式进行的,被考评单位为了达标或创建"依法治×"示范单位等,会在具体的事务中强化法治工作。与此相对的另外一种现象,就是为了应付检查、评比而生产出大量的法治负产品,如填写了无数的表格,耗费了大量的人力、物力、财力,却对形成法治思维、树立法治意识和建立法治行为模式等未产生实质性影响,甚至可能在此过程中造成一种反向的建设,使得相关的社会成员形成了法治形式上越来越完美,而实质法治精神却被丢弃的印象。

第三节 利益整合

在当代中国通过政治动员来推进法治建设之所以是可能的,在根本上是因为法治中包含了各社会主体之间的利益博弈与整合。相对于由共识性的意识形态支撑的思想基础，利益充当了政治整合的根本动力，是政治动员得以实现的真正动力基础。在现实生活中，利益整合的非法治化倾向主要表现为唯利主义、民粹主义及官方的与民争利。对利益的法治规整，就是将分散的社会主体的利益整合与分配置于法治的框架之中，通过法治进行利益表达和利益调节。

一 利益整合的非法治倾向

在中国社会转型的过程中，社会主体对于利益的追求方式已经表现出了"唯利主义"的倾向。在利益追求被改革开放的话语正当化后，法律对利益追求的合法化也开始了，在经济和政治层面，甚至出现了无原则鼓励的情形。如果不能守住法治的底线，在利益的调整中，特别是在具体的法律运行环节中无限制满足民众的不当利益需求，就会造成利益获取与分配的民粹主义倾向。与民粹主义倾向相对的另一种倾向，则是官方的与民争利行为。这三种倾向都不利于法治，需要通过法治进行规整。

（一）唯利主义

通过政治动员的方式推进我国的法治建设，其成功与否在很大程度上取决于法治对于利益整合的有效性。法治更多的是一种规范性运行，是对社会进行的规范性调整，在利益上，则是一种建立在道德基础上的法治化利益调整。不过，对于已经形成的"唯利主义"风气与倾向，法治也只能在法律这一规范的限度内进行矫正。法律将利益正当化、权利化后，必须要为利益的调整与利益纠纷的解决提供规范性解决方案。对于社会主体的盲目逐利倾向，法治的解决方式不是否定利益追求的合理性，而是着重逐利方式的合法性与规范性，并且要在法律层面消解过度追逐利益的心理，建立合法逐利的制度框架，保证其在法治的轨道上运行,使得各方主体的利益追求行为能够共存且不对社会整体产生威胁。

(二) 民粹主义

相比于全面政治化的年代,在后政治化的时代出现了另一种极端,那就是对民众欲望的无原则迁就。在利益层面表现为利益的民粹主义倾向。尽管执政党和国家对于"法治"的表达在最高层面上持续地深化,但从话语上来看,"人民"一直是推行法治最根本的正当性话语。在国家推进法治化治理的过程中,这个具有高度抽象性的政治概念,在法治的运转中将会被具体的个体人取代,但人民的话语正当性功能还会被同时保留。如此一来,就可能会造成这样一种情况:个体人或少数个体人的联合,利用抽象的人民话语的正当性,提出超越法律界限的利益诉求。而在执政党与政府的利益满足过程中,若不能坚持最基本的法治底线,以将事件"摆平"为目的,无原则地满足利益要求,就会变相地促进利益的民粹主义发展。"民粹主义,就是无限制地放纵民众的欲望。因此,民粹主义的文化逻辑运作起来,只会破坏法治的规则之治。"[①] 实际上,对于社会主体追求利益的行为,法治的功能是双重的,一方面法治会正当化与合法化社会主体的逐利行为;另一方面,法治还可以发挥节制功能。法治是一种具有平等色彩的规范运行方式,只有所有的主体,无论是何种意义上的治理者与被治理者,都共同遵循法治的底线要求,法律与法治的权威才会真正树立起来,利益的聚合、交换、分配等才能按照法律的规则进行。

(三) 与民争利

与利益的民粹主义妥协这一倾向相反的另一倾向,就是官方的与

---

① 孟庆涛:《信访逻辑的法治悖论》,《广州大学学报》(社会科学版) 2013 年第 11 期。

民争利行为。按照经济学假设，所有主体都有将自我利益最大化的倾向和动机。而按照政治学的一般原理，国家等拥有政治垄断地位的组织，有利用垄断的政治权力将自我利益最大化的倾向。根据这两个原理假设，国家有利用垄断地位和政治权力将税收及其他收入全面最大化的倾向。一方面，由于税收涉及各个国家不同的税收结构，不同主体在一个国家的税收结构中所承担的纳税义务和压力也是不同的，所以，不同主体税收负担的分配，在很大程度上可以归为政治学的问题；另一方面，非税收收入在国家的整体性财政收入结构所占比例虽然小，但由于存在着更大的自由裁量空间和监管漏洞，更易于为国家组织利用进行法律外的利益扩张。即便一个社会的财富总量可以通过创造而增加，但国家与公民之间财富的合理分配是利益问题的核心与焦点。国家作为一个政治组织，在力量上明显强于作为个体的公民，这意味着在这场利益的分配中，国家一直占据着绝对的优势，无论是作为整体，还是国家机体中的小团体，在本性上都有扩张自我利益的动机。

与民争利行为，从长期来看，对建立和维持法治是不利的。如果推行法治并不是为了建立更为公平合理的利益聚合与分配格局，而是为带有与民争利性质的行为提供法律根据和保护，那么，法治将永远建立不起来。作为国家与公民共同遵守的基本行为规范，法治在根本上要求具有实质正义性，若国家利用对政治权力的垄断进行利益的自我最大化，并且用法律将这种利益获取与分配合法化，则会导致法治规则本身丧失正义性，从而将法治沦为工具。作为公共资源供给者的国家，其根本的任务不是寻求自我利益最大化，而是提供公平的、正义的制度平台。国家的身份首先是公正制度的提供者，其获取利益的目的也在于利用公共资源搭建公正的制度平台。与民争利的行为不但会给政府带来信任危机，甚至可能威胁政权的稳固，因为一旦没有束缚地牟利，就会刺激政府试图超越法律的框架或者将法律当作工具使用，而这样只会破坏法律的权威和公众对于法律的普遍信任。总而言之，轻则丧失政府的公信力，重则导致政府的更迭，这就是国家不受法治约束地与民争利所要付出的代价。

二 利益的法治规整

法治被提高到治国方略的高度，其中一个重要的理由在于，在社会整合工具中，法治可能具有其他整合方式所不具有的一些特点和优势。政治整合主要是一种基于权力和意识形态的整合，在正当性基础上很难具有长期的持续性。一般来说，成功的政治整合在根本上都是因为基于政治所进行的权利分配及由此决定和派生的利益整合，这至少在一定程度上满足了政治动员主导者与动员对象的利益需求，从而使双方无论在各自内部还是在双方之间的利益分配上取得了妥协或平衡。不过，只有在法治的利益分配模式下，利益的分配、占有与交易等才能获得法律上的正当性和保障，也只有在法治之下，不同利益主体的利益诉求才能有效聚合起来进行法律上的表达，利益调节才能最大限度地排除政治权力的肆意干预。因此，如果把法治的目标理解为保障权利，而权利的核心内容又是法律化的正当利益，那么，通过法治所进行的利益整合就应该将利益的非法治异化排除。

（一）通过法治的利益表达

利益分配有初次分配与二次分配的差别。初次分配主要由市场机制形成，生产要素价格主要由市场决定，政府不直接干预，但会通过税收或法律等杠杆进行调节。二次分配则主要是由政府以社会管理者身份，针对第一次分配进行的二次转移。通常认为，初次分配重效率，二次分配重公平。不过，利益的初次分配与再分配之间的主要差异，实际上受制于作为政治动员主导者的国家与市场或社会之间的关系。也就是说，如果作为政治动员主导者的国家在决定利益的初次分配与再分配上占有绝对的主导权，那么，利益分配格局实际上就掌握在政治权力的支配之下，法治也就成了一句空话。这是因为在利益的初次分配中，政府虽然不直接干预，但税收或法律作为国家的分配与控制手段，其实质性的利益分配格局已经被包含在其中了。在此意义上，利益初次分配中的税收或法律调节先天地规定了利益分配。因此，要确定利益初次分配与二次分配的公平性是否存在，就要首先确定好不同的利益主体在税收和法律上的地位与格局。在现代多元化的社会中，利益主体的利益诉求在法律上必须获得整体性的表达。处于弱势地位的个体利益诉求，则可以通过其他途径，在二次分配中获得满足。这种两次利益之前的先决性格局，决定了利益主体的利益表达必须首先在法治的框架下被确定下来。而利益主体的群体性利益表达，又需要通过法治进行利益的聚合。

有论者以利益激励机制的有无作为区分政策治理与法律治理的一个标志，认为在法律治理下，"利益激励机制取代政治动员成了实现现代化的主要手段"[①]。其实，单纯的利益激励机制有无根本就无法区分政策治理与法律治理。从长期来看，政策治理的有效性必须以对相关利益主体的利益格局进行合理的调整与分配为前提，不触动根本利益格局的政策治理，至多只能取得短期的效果，但因为未对利益格局进行合理化调整，利益分配上的根本问题没有解决，所以真正有效的治理必然是能够实现利益格局的动态合理化调节的治理。这种治理要取得长效性，就必须通过法治的途径进行合法化的输入与输出。也正是在此意义上，通过法治所进行的社会整合在根本上仍然是基于法治的利益整合。

---

① 张翔：《我国国家权力配置原则的功能主义解释》，《中外法学》2018 年第 2 期。

(二) 通过法治的利益调节

法治本身并不生产利益，利益生产更多的是一种经济活动，但法治对于利益或经济活动甚至可能产生重大的决定性作用。随着研究的深入，人们已经充分认识到，经济活动并不是单纯的经济上的生产、分配、交换与消费活动，而是受着政治上的制度影响的活动。在此意义上，根本就不存在纯粹的经济学，一切经济学都是政治经济学。作为合理化与合法化结果的政治，法治可以通过对利益的获取、保有、分配、交易等进行法律调整，进行利益调节，重新塑造更加合理的利益格局。

法治隶属于政治，但法治也是对单纯的政治干预利益分配方式的否定，法治重点排除通过政治运动方式对利益进行的分配。"根据新制度经济学中'路径依赖'原理，通过市场交易获得的利益与通过政治运动获取的利益有本质上的不同，前者不能再由政府随意剥夺，这些利益需要的是法律层面的保护。"① 通过政治运动方式获取的利益，在利益的取得和分配上必然也是以政治权力拥有者依据权力进行的，由于其在取得与分配上即使存在政治上的合理性也无法获得更深层次上的道德正当性论证，因此，从长期来看，这种利益获取与分配方式会对社会信任、社会道德及社会经济造成长久性危害：这种分配方式在根本上类似于粗暴掠夺，在打击合法积累财富者对于政治的信任的同时，还会培养暴民，造成政治生态和政治道德的破坏。通过法治的利益调节，则是将政治动员主导者和政府及其他利益拥有者置于同样的规则之下，否定了依据政治权力肆意剥夺利益的合法性。所谓"有恒产者有恒心"，从长期来看，基于法治的利益调节对于形成利益聚合、满足社会主体公平的利益需求，相较于政治运动方式，都具

---

① 周敬敏：《行政法实施宪法问题研究》，《中国政法大学学报》2017年第5期。

有无可比拟的优越性。

第四节　新媒体与法治动员渠道扩展

技术在推动人类的政治进步方面发挥着重要作用。很多原本不可能实现的制度设计，由于技术的发展正在现代社会变得越来越现实化。例如，由于报纸这种媒体传播形式的出现，政治信息的传播速度和传播范围发生了翻天覆地的变化。现在，网络等新媒体的出现，正在深刻地改变着传统政治动员的结构。例如，由于网络的兴起，通过网络对法治进行政治动员，降低了组织动员的成本，扩大了动员的覆盖面，互动性、低成本、高覆盖、直接性、即时性的特征正在凸显出来。而相应的网络安全与法治保障作用等问题也引起了人们的关注。

一　大众文化娱乐空间的议程设置

信息技术的出现，刺激了现代社会中新型媒体的产生，并对法治的政治动员产生了重要影响。基于媒介所具有的议程设置功能，在大众的文化空间，特别是最具有传播性的大众文化娱乐空间中，必须要渗透和传播法治的影像，并借其进行法治意识的传播，发挥塑造法治行为的能力。

（一）媒介的议程设置

传统中国的国家治理方式，在一些王朝的前期、中期通常都是非常有效的，之所以如此，是因为在社会治理结构中，意识形态的凝聚能力特别强大，往往能够有效地凝聚社会共识。部分王朝在覆灭之后之所以能够在短时间内重建，也与意识形态的高度凝合力有着直接关系。意识形态首先发挥的是形成意识共识作用，但最重要的功能则在于规范人的行为，以意识形态来指引、评价人的行为，从而最终形成大多数人的行为共识。意识形态之所以有此巨大的功能，和当时社会条件下对于主流观念的宣教有直接的关系，例如，在社会的基层，耆宿的权威并不单纯是因为其年高，而更多的是因为其德劭。所谓的"德劭"，在根本上其实就是符合国家所倡导的基本意识形态。但就意识形态的传播载体而言，除了官方的宣教外，社会上一些民间性的教育机制也在发挥着作用。如，由于"经"获得了至高无上的文教地位，其内容也基本被固化，借乡村私塾先生的教导，就为其向整个社会传播共同的思想理念奠定了基础。这些教育的基本内容实际上都会受到官方的控制，各种"文字狱"不过显示了官方对于非主流意识形态的管控态度。这也从一个侧面说明，通过对思想理念内容的事先安排，书籍、教学等知识传播方式不过是将预先规定了的"议程"展示出来而已，"议程"本身已经是被设置好了的。

传播媒介具有议程设置功能。"议程设置是指媒体有这样一种能力：通过反复播出某类新闻报道，强化该话题在公众心目中的重要程度。也就是说，被大众传媒作为'大事'加以报道的事件，也会被当作'大事'影印在公众'集体意识'当中。"① 当前，全面推进依法治国，首先要完成的任务就是在实现对法治的启蒙之后，推动全社会树立法治意识，建立起尊重法律、尊重规则的文化环境。现代新媒体的出现，则可以通过媒介的议程设置功能对法治进行安排，从而把法治影印在公众的集体意识中。其实，有关法治的各种标语和口号已经在发挥着同样的功能了，因为标语、口号本身也是一种媒介。对法治议题进行设置和传播，是当前中国各媒介都应该进行的一项工作。不过，由于各种媒介之间存在着功能性差异，并且也存在着传播手段与效果的差别，要对社会公众产生重要影响，特别需要加以利用的应

---

① 吴开松：《当代中国危机动员研究》，博士学位论文，华中师范大学，2006年。

该是大众的文化娱乐空间。

(二) 大众文化娱乐空间

最能塑造大众意识甚至是政治意识的空间,不是政治空间,而是文化空间,特别是文化娱乐空间。大众文化空间,其实也是大众信息的传播空间。作为大众文化空间的一个重要组成部分,大众文化娱乐空间对大众文化意识的塑造产生着潜移默化的影响。例如,对于儿童的相关意识的塑造,在娱乐空间中更容易完成,让我们以儿童之间所做的"警察抓小偷"的游戏来进行说明。仅仅是"警察抓小偷"这个游戏名,就会给儿童传递这样的信息,警察是"好人",小偷是"坏人",而儿童绝大多数更倾向于扮演警察这一代表正义的角色。但是,如果儿童从电视、其他孩子那里还看到了这样的一幕,警察在制伏、抓住小偷后将其五花大绑甚至拳打脚踢,就会得到这么做是很正常的暗示,那么,这种娱乐就会变相地向儿童传达非法治的信息。而当儿童在做这个游戏对此进行模仿时,就会理直气壮地为这样的行为辩解:电视里就是这样演的。这一方面说明了大众文化娱乐空间对于大众意识塑造的重要性;另一方面也向我们提出警示,在利用大众文化娱乐空间传播信息时,要警惕其可能造成的误导。

"大众文化娱乐空间是一个平民化舞台,因其大众性而具有凝聚多方力量的先天优势,它的向心力和辐射力有助于对社会进行信息调控,传导主导意识形态,使社会力量服务于统治者利益,为加强社会管理提供政治保证,从而维护社会稳定,促进社会发展。"① 法治是中国当前的国家治理方式,其"科学立法、严格执法、公正司法、全民守法"的要求,其实已经在根本上表明了其大众性。就向一般公众传播法治理念而言,借助大众文化娱乐空间来进行既可以降低动员成

---

① 胡俊修:《近代城市大众文化娱乐空间里的社会冲突——以汉口民众乐园(1919—1949)为中心》,《湖北社会科学》2013年第2期。

本，又可以将获得的效果最大化。基于大众文化娱乐空间的这种优势，传播法治就不能一味地采取完全严肃、正襟危坐形式的讲道方式。法治必须要对大众文化娱乐空间渗透，反过来就是，大众文化娱乐空间必须要接受和传播法治，塑造出社会性的、全民性的法治文化。如果说通过组织控制进行的法治建设政治动员是一种动员政党与国家精英的有效方式，那么，通过大众文化娱乐空间进行的法治建设政治动员，则是一种动员社会大众的有效方式。

二 网络动员的兴起

当前社会中最新出现并正在发生着最重要影响的动员媒介是互联网。网络的出现已经并将继续改变人们的生活方式尤其是政治生活方式。网络对政治动员产生了重要影响，网络政治动员正在引起人们的关注。"网络政治动员是指个人或集团为达到一定政治目的，利用网络传播技术平台，通过传播政治信息在网络社会发起的宣传、鼓动行为，进而影响网络社会与现实社会政治生活的政治行动过程。"[①] 网络的出现，可能会通过技术的形式从根本上改变政治动员的模式、动员效果，发挥对于政治的塑造作用。对于法治中国建设的政治动员而言，网络可以扩展动员的空间，改进政治沟通的过程，形成网络上的群体认同。

（一）网络与法治建设政治动员空间的扩展

严格说来，网络媒介实际上指的是以计算机互联网络技术作支撑手段而形成的各种媒介载体。这些媒介的"新"，就在于网络技术的根底。由于网络的出现，电视、广播、报纸、杂志等传统媒介在议程设置上对于社会的影响力已经有了明显的下降，这使传统媒介不得不

[①] 张雷、刘曙光：《论网络政治动员》，《东北大学学报》（社会科学版）2008 年第 2 期。

寻求向网络媒介转型，网络电视、电子期刊、电子杂志等就是这种转型的产物。由于这些传统媒介的逐步网络化，网络媒介的影响力扩张得更为迅速。对于政治和法治来说，网络媒介也在成为政治动员的手段和介质，改变着传统的政治动员与法治动员的形式、效果等。从民主的角度看，由于网络的出现，民意表达空间得到了扩展，法治中国建设的政治动员在空间上也得到了同步扩展。

从政治动员主导者的角度来说，网络增加了动员手段，扩张了动员对象的重复接受性，从而有利于法治的深入传播。从政治动员对象的角度来说，网络扩大了民意表达空间，成为民众向政府表达意见的场域。然而，在网络媒介中，政治动员主导者对于法治进行的动员与受众对法治的政治动员或传播的接受之间，并不具有明确的对应性。这不同于在特定地域内张贴的标语或在特定场合中呼喊的口号，尽管可以被他者留意或接触，但后者明显仍然具有明确的、相对特定的针对性，从而在动员效果上具有一定的保证。或者说，借助传统媒介，特别是通过标语口号、组织控制等进行的法治传播，在某种意义上具有可核验性，而通过网络进行的法治动员就很难做到这一点。网络传播几乎不是点对点，而更多地呈交互辐射的网状结构，这在扩张主体之间相互传递信息、摆脱点对点传递局限的同时，也降低了传播对象的准确性和特定性。另外，关于法治，最可以在网络媒介上进行无限制传播的往往是从政治动员主导者处传递出来的抽象理念和信息。这是因为，这些法治信息首先是从政治动员主导者的最高层传递出来的，其次是因为其具有政治上的正确性，在向外传播的过程中，传播主体一般不会担心承担政治责任。而对于具有法治意义的事件、数据等的传播，显然就不会那么顺利。

（二）网络对于政治沟通过程的改进

任何政治动员都需要经历政治沟通的过程，所以，所有的政治动员都要经历时间的考验,时间自然成为政治动员必须考虑的一个重要因素。借助传统媒介进行的动员往往需要经过充分的酝酿、传播、反馈,时间的消耗比较长。而动员的时间积累,一般也会带来动员效果的持久性。仅仅只是二十年左右的时间,互联网在中国就实现了极大的普及,这一创举大大地缩短了政治动员过程所经历的时间,而这与网络的交互性传播结构有关。网络传播具有结构上的交互性、时间上的即时性特点,其飞速发展改进了政治沟通过程,借助网络的即时性,民众与政府之间关于法治的沟通不但使政府能更准确地向民众传达法治的理念、法律的内容与法律运行的过程和结果,而且能让政府更准确地了解民众的法治理解、法律诉求与法律感受,为双方的直接沟通提供了平台。这种对于沟通过程的改进,为在政府与民众之间寻找法治认同与法治共识提供了更为优越的条件和可能性。

(三) 建构网络的群体认同

通过网络媒介形成、传播、遵守和展示法治的认同聚合,建构民众对于法治的认同,是形成符合法治要求的群体认同的重要方式。基于传统媒介与新兴的网络媒介在传播结构上的差异,法治的群体认同聚合也会发生结构性的变化。传统的政治动员,无论基于何种动员手段或媒介,从国家的层面来看,其在动员实施与接受之间都是一种自上而下的动员流向。而反向的政治动员往往不被国家认可,即便其具有正当性,但至少在方式上也很难得到国家的承认,因为在国家看来,这就是对国家施压,是对国家权威的一种冲击与挑战。网络新媒体的出现,使国家无法再像过去那样通过单纯的政治上的强制手段将这种弥散的、多元的话语传播模式消除。而且,这种"国家—民众"之间的二元结构,明显是将国家作为一个整体对待,忽略了国家内部的科层制分化。对于国家而言,网络等新媒体也是越过下级的过滤从而直接了解社会与基层观念、问题等的一个重要渠道。不过,在传统的自上而下的政治动员方向中，对执政党或国家的认同本身就是政治动员的一个强有力的基础。这是因为，至少在传统的政治动员格局中，国家首先是处在权威地位的，很难出现与国家相竞争的政治权威，从而形成国家权威的流散。但是，在新兴的网络媒介中，由于认同不再必须以国家为基础，区域性的认同有可能会部分地消解国家认同的权威性，导致群体之间认同聚合的国家中心性流散。

对于法治建设的认同来说，国家中心性的流散，可能会导致对国家倡导的法治话语的消解。"网络群体认同性的聚合，使得国家权威呈现弱化和裂解趋势。传统政治动员是以民众对政治权威的服从为基础的，而网络政治动员是以群体认同为基础的，他不需要绝对权威的出现，只要有引起共鸣的因素存在，群体认同性便会迅速聚合。"① 当代中国的法治建设，至少在国家层面是国家倡导的结果，民众的法治诉求反馈在国家层面，更多的是要求国家承担法治保障的义务。国家在一切需要国家出面的场合毫无例外地保证完全按照法治行事是不可能的，这就为在国家之外的群体间形成对法治的各自阐释留下了巨大空间，特别是在网络媒介条件下，更容易形成国家之外的次群体的法治认同。而次群体的法治认同，很可能与国家阐释的法治不一致，这就有可能形成法治的反向动员现象。

三 反向动员

在受法治支配的政治框架下，政治动员主导者与动员对象之间的关系已经不再是单纯地从主体向对象输出议程，两者之间出现了明显的互动动员。这种趋势在新兴的网络媒介中体现得更为明显。不同于传统的媒介，网络及由网络支撑的新型媒体已慢慢逸出单向动员工具

---

① 马润凡：《大数据时代的中国特色社会主义政治认同建构》，《郑州大学学报》（哲学社会科学版）2019 年第 5 期。

的特点，而体现出反向动员媒介的特征。反向动员改变了权力的单向支配方向，形成了权力的反向流动，因此，如果不能将反向动员有效地法治化，则可能形成对法治的破坏。

（一）权力的反向流动

在传统的政治体制和格局下，政治动员体现出极大的单向动员性，而且当时的动员媒介也决定了政治动员对象的主体性是很难发挥作用的。"新中国的政治传播与政治制度的关系相互支撑体系是国家动员能力的基础。这一体制下，高度选择性的信息从中央流向全国的街道和村庄，以前通过民间传统权威间接感知政治生活的普通民众开始与国家有了直接的沟通。"① 这种政治结构实际上已经突破了传统的中央与基层之间的关系，有效地将很大程度上游离于政治之外的基层统合进了政治体制，从而为进行广泛的政治动员提供了权力与组织基础。由于自上而下传递出来的政治信息是经过高度选择的，因此政治信息的传递就更多地带有单向性的特点，民众也就在很大程度上扮演着相对被动的接受者角色。在政治议题的建构上，基层的参与度实际上是非常低的，无法在根本上对政治议题和决策的形成产生真正实质性的影响。从政治动员的权力流向上，这也就相应地表现为自上而下的单向性特点。从动员媒介上看，普通民众对于媒介的影响力是非常小的，这是因为通过媒介所传达出来的政治信息本身也是经过体制审查和选择的，从而存在着失真的现象。

网络等新兴媒介的出现，更多的是提供一个官方与民间共同发表意见、形成政治议题的平台。尽管网络等新兴媒介仍然要在根本上受制于国家，但国家对其的直接支配力在权力的流向上不再单纯地表现为单向支配与流动。由于民众借助网络等媒介平台使得直接参与成为

---

① 乔晶：《重构农村："农业学大寨"中的政治动员》，硕士学位论文，华东师范大学，2010年。

现实，网络的次群体认同聚合不但可以按照自己的逻辑形成，而且可以形成不完全同于官方的法治认同甚至是非法治或反法治的认同，这在权力的流向上就可能会表现为反向流动，从而改变了原来的单向性权力结构，导致权力结构发生变化。如果说在原来的媒介上官方的政治意图可以得到更多的表达，那么在新兴的网络等媒介上，民众的政治意见则因其平民性与大众性获得了更多的表达机会。

（二）反向动员的法治界限

从政治动员主导者对法治建设进行的政治动员来看，反向动员在内容上既可能与政治动员主导者的法治动员相合，也可能相左，即表现出不同的法治理解与诠释，甚至可能出现反法治的议题；从动员主导者来看，由网民而非执政党或政府发起的自发性网络政治动员同政府网络政治动员之间存在着一种非对称发展态势，政府主动性网络政治动员相对缺失，也为政府的网络治理提出了难题。关于政府治理自发性网络政治动员，有学者提出了"人民战争式的政治中心治理模式"："政治治理模式事实上融合了法治模式和技术模式，并以其为两翼，实现了网络人民战争正义性、群众性与法治规范性、技术先进性的有机结合。"① 尽管"人民战争式的政治中心治理模式"在该学者的眼中被赋予了超越法治模式的特点，但对于不特定民众通过网络等媒介形成的非法治甚至反法治的政治动员，政府等官方对于反向动员的反应态度却不能是非法治或反法治的。这是因为，若政府的应对策略与政治动员的动机相左，就会导致官方行为与官方倡导理念或规则的不一致性，加深这种反向政治动员的力量，而非法治的"应付"却会对政府的公信力造成打击。从官方行为的示范效应来看，官方行为对于民众法治理念、法治行为的塑造发挥着最根本的指导、示范与

---

① 娄成武、刘力锐：《论网络政治动员：一种非对称态势》，《政治学研究》2010年第2期。

引领作用,官方一次破坏法治的行为,会引起民众无数破坏法治的行为。因此,官方行为如果不能首先形成法治化,表现出对法治应有的尊重,不但会造成对法治的破坏,而且可能导致民众对于政府和法治信任的减弱。

"考察十年法治,我们会发现这样一个现象,由弱者的极端表达最终转化而成的公共事件往往成为推动法治进程的标志,而领导号召、上级发动、文件推广的作用则相形见绌。网络媒体在其中扮演了重要的角色,其作用甚至超过职责所在的政法机关。这种被动式改革以媒体审判的胜利而告终,其修辞意义远远大于法治意义。"① 这实际上是在提醒我们,对于法治中国建设的政治动员,最有效的理念塑造与行为引导,不是对政治口号进行铺天盖地的宣教,而是正确行使政府行为的示范效应。以公共事件的方式来推进政府法治行为的改进,尽管对于法治的传播和国家法治状况的改善发挥了重大的作用,但这种方式的破坏性是始终存在的。因为在每一次公共事件对于法治进程的推动中,政府的权威、形象实际上都会受到一定的冲击。而政府对公共事件所作的反应如果是非理性、反法治的,没有发挥法治的思维与遵照法治的方式,形成媒体审判或导向于对公共非理性意见的妥协,就更容易形成政治动员主导者被反向动员。被反向动员的,往往不是抽象的政治话语,而是在具体的事件中政府所表现出来的态度与应对。这就会进一步加深政府的尴尬处境,民众对于政府的法治期待合法化之后,能够大大增强民众的话语权与批判能力,但政府任何可能违法的具体行为都会面临违背合法性的指责。

---

① 丁国强:《法治是不是一副灵丹妙药——读〈法治十年观察〉》,《民主与科学》2010年第5期。

第五章　法治中国建设的认同聚合

政治动员虽然是一个政治动员主导者与对象双向互动的过程，但从权力指令运行的方向上来看却是自上而下的，这种运作方式往往带有强制性的特征；与此相对，政治认同则是自下而上的，往往带有自愿认同与服从的特征。在这个双向互动的过程中，政治动员主导者所发动的动员与动员对象的政治认同有一个契合点，这个契合点一定是在两者之间相对方向的相互运动中产生的。就法治中国建设的政治动员现象而言，法治就是政治动员主导者与动员对象互动的契合点。从政治动员主导者的视角来看，动员的主要目标是塑造相关法治话题以激起动员对象对于法治的认同意识；从动员对象的视角来看，则是对动员主导者提出的法治议题进行政治层面的学习、评价与认同，认同的评估效果可以从主动性、发展性、包容性与总体性四个特征加以把握。[①] 但这只是一种理想化的模型，实际上，有权启动法治建设政治动员的主体所拥有的执政资源，往往会在现实中因为一些自身规律所带来的执政合法性衰减问题，导致面临着合法性流失的危险，相应地，带来了政治动员主导者所拥有的历史资源、意识形态资源等的合法性支撑力减弱的后果。面对这样

---

① 参见宋玉波、陈仲《改革开放以来增强政治认同的路径分析》，《政治学研究》2014 年第 1 期。

的问题，执政党最终选择将政治改革的法治化作为其治国理政的突破口。随着作为政治目标之一的法治概念被赋予正当性，法治愿景虽然尚未成为现实，但却具有绝对的正当性。因此，在法治生态价值的观照下，执政党本身要面对法治带来的执政合法性转换压力。也正是在法治的压力下，执政党同样要面对法治带来的执政资源合法性转换压力。执政党通过法治重建执政合法性，积极建构法治意识形态，并通过动员对象日趋进步的法治文化与法治思维来增强政治认同。作为政治议题建构与政治认同聚合的契合点，法治本身也是意识形态建构的一部分。在此意义上，对法治议题与政治认同间相互关系的认知，从更大的层面来说，是实现从公共管理到公共治理转换的内在意识变革。从而，法治就成了政治动员主导者与动员对象之间建构政治认同的"公度性"聚合。

第一节　执政合法性的法治建构

在中国现代国家的形成过程中，作为政治动员主角的中国共产党，先后充当了革命党与执政党两种不同的角色，以革命党的角色夺取和重建政权，以执政党的角色建设和巩固政权。在这两种角色的延续与转换过程中，政治动员持续地发挥着政治与社会整合的作用："当代中国政治从某种程度上来讲，是以动员的方式实现政治整合，进而实现有效的政治治理。这种特性表现在政权确立和巩固的全过程中。"[1] 基于这样的历史现实，当代中国所要推进的政治改革也必须依据上述政治特性走政党推动的模式，因此，执政党的政治动员也将继续在中国的政治改革中扮演重要的角色。

---

[1]　王邦佐、谢岳：《政党推动：中国政治体制改革的演展逻辑》，《政治与法律》2001年第3期。

无论是在革命党时期还是在执政党时期，中国共产党的国家社会治理理念及社会支配方式都带有一定的权威支配色彩。其实，作为政治动员的主要方式与一种历史悠久的社会支配方式："权借由政治权威信仰来支配人们行动的方法，其控制、支配成本很低。"① 传统的权威支配具有人格化的特征，政治权威的最高代表多由政治系统中的最高领袖来充当，现代政党中的领袖往往也被寄予了高尚人格的期望。在民主化进程中，随着定期选举与更迭机制的建立，个体化的领袖权威逐渐向政党团体的权威转移。因此，作为主体的政治权威现在就不再仅仅指政党的领袖，而且还扩张指涉整个政党，尤其是执政党。由于我国执政党与政府存在着密切关系，执政党（含领袖、政党组织、党员）和政府实际上都具有政治上的权威。但是，法治中国建设在实质上是采取政治动员的方式展开的，这种从以道德为基础的权威支配向以法治为基础的规范支配的转变，给政治动员主导者带来了巨大的合法性压力。因此，法治在为政治动员主导者的合法性重新奠基的同时，也在冲击着原有执政资源的合法性基础。政治主体所拥有的各种执政资源，随着社会的发展变化，对政治动员主导者执政合法性的支撑作用也在发生着变化，但执政资源的法治化转换是目前实现法治议题的政治认同聚合的一个基本目标。

一 执政资源的三种类型

执政资源是执政党得以执政的资源基础，关于中国共产党执政资源的类型，可以从执政党的自我意识与表述这一内在的视角出发，就其为执政党的执政提供合法性进行考察。党的十八大在 2012 年 11 月 14 日修订通过的《中国共产党章程》（后文简称"党章"），为我们

---

① 王旭宽：《政治动员与政治参与》，中央编译出版社 2012 年版，第 148 页。

深入了解执政党关于执政资源的自我表述提供了一个重要样本。考察的结果表明，执政党的执政资源主要包含历史、现实与价值三个层面，这三个层面分别指向了历史资源、绩效资源和意识形态资源。

(一) 历史资源

执政合法性的历史资源，指的是执政党基于历史原因特别是历史功绩形成的执政资源。在成为执政党之前，中国共产党以革命党的身份积累了重要而丰富的历史资源，按照《党章》的表述，这些历史资源指的是20世纪以来中华人民共和国成立的重大历史功绩。历史功绩为其执政奠定了历史基础，推动了执政初期的执政活动并在一定程度上提供了正当根据。

《党章》以新民主主义为界将社会主义建立之前的时期划分为两个阶段：新民主主义革命及从新民主主义到社会主义的过渡。新民主主义革命胜利的最终和最大成果，是建立了人民民主专政的中华人民共和国。为完成建立中华人民共和国成立这一重大活动所进行的最主要工作，就是通过革命斗争推翻了帝国主义、封建主义和官僚资本主义"三座大山"。建立中华人民共和国，在国际层面上提升了作为一个主权国家的新中国在国际秩序中的地位，为跻身于实质性的世界主权平等国家奠定了基础；在国内层面上，则是通过推翻封建主义和官僚资本主义，颠覆了原有的政治结构并重新塑造了一种全新的政治制度。从新民主主义到社会主义的过渡，是通过社会主义改造完成的，并且最终将社会主义基本制度确立下来，并对社会主义的经济、政治和文化有所发展。所谓的社会主义改造，实质上是在建立中华人民共和国成立政权的基础上，在共产党的领导和国家的控制下，从经济、政治、文化等各个层面对新民主主义的整体国家结构进行以社会主义为导向的改变和塑造。也可以说，社会主义改造是在党确立了执政地位并掌握了国家政权的前提下，对整个社会进行的一次根本性的结构调整。此次改造的最大成果，是确立了社会主义社会的制度，国家则是这种制度的重要载体。

社会主义社会制度是在党的领导下得以建立和巩固的，这种制度烙印着执政党的政治理想，同时也在强化着制度、国家与执政党之间不可分割的密切关系。社会主义基本制度出于党的宏伟理想，是党在成为执政党后借助国家机器改造新民主主义而形成的，社会主义基本制度的建构大大加强了制度与国家对执政党的依赖关系，在合法性层面，则作为执政合法性资源进一步奠定了执政党的执政地位，强化了执政党执政的历史资源的合法性。这是一个相互强化的过程和逻辑，因为在社会主义基本制度的建构过程中，社会主义的经济、政治和文化结构呈现出各种资源向执政党凝聚和集中的状态，而这又为执政党进一步凝聚资源并强化执政的合法性地位提供了可能。

(二) 绩效资源

历史资源诉诸过去，绩效资源则诉诸当下。如果说历史资源体现的是过去对现在的影响，那么绩效就是执政党针对现在的现实状况进行改善而取得的成果。在执政能力的证明上，绩效实际上才是最主要的资源。绩效资源不限于单纯的经济，由于经济的发展受到政治等其他领域的基本制度结构和政策限度的影响，与经济绩效相关的政治绩效、社会治理绩效等也同时为执政党的执政提供了合法性资源。不过，政治民主化类型的扩展、政治民主化程度的加深、社会治理成果等在拓展执政合法性的同时，也从相反的方向对执政党执政提出了新的要求。当然，绩效可以有不同的表现形式，上述经济绩效、政治绩效、社会治理绩效等均属于绩效资源，但无论如何，任何绩效都与现实问题的解决或现实状况的改善相关。

在执政资源中，经济资源一直都在扮演着最为重要的角色。特别是改革开放以来，执政党执政的主要正当性资源是由经济绩效来支撑的。经济绩效之所以能够发挥这么大的作用，一方面是因为改革开放前国家与社会面临着经济即将崩溃的危险，以经济为主要导向的改革开放恰恰缓解了这一燃眉之急；另一方面，改革开放30多年，为各经济主体释放出活力提供了稳定的制度环境，通过执政党的制度调整，从根本上改变了整个社会的经济结构，有效促进了社会经济的持续发展。这种经济结构在性质上属于社会主义市场经济，要求市场在资源配置中发挥决定性作用，执政党和国家更多是在宏观层面进行调控，从而建立完善的宏观调控体系；但在绩效成果上则主要体现为经济的持续增长及其为个体生活的改善所提供的经济基础。

（三）意识形态资源

意识形态资源是执政党执政的思想与理论资源。从词义上看，在抹除政治层面的含义后，意识形态不过就是思想理论。根据阿尔都塞的理论，意识形态没有历史，意识形态无处不在，作为一种关系体系存在的意识形态，"它们作为被感知、被接受和被忍受的文化课题，通过一个为人们所不知道的过程而作用于人"①。这种思想理论可以为社会成员提供认识问题的视角与方法，并且可能提供现成的结论。由于意识形态在很大程度上实际预先设定了其思考问题的答案，所以一旦意识形态对于执政党的执政进行了合法性的说明，就可以被社会成员不加反思地接受。因此，作为一种思想意识资源，意识形态在执政资源的类型中才会显得合法性论证具有自我赋予的特点。

中国共产党执政的意识形态资源，可以从两个层面来加以理解：第一，马克思主义的基本原理；第二，马克思主义基本原理同中国实

---

① ［法］阿尔都塞：《保卫马克思》，顾良译，商务印书馆1984年版，第202—203页。

践结合所创立的指导思想。① 马克思主义基本原理强调的是基本理论及其普遍指导意义，是中国执政党意识形态的主要思想来源。由于中国共产党接受马克思主义基本原理是历史形成的，因此，对马克思主义基本原理的认同，就不但是对历史的承认，也是执政党指导思想随着时代变迁延续和发展的思想源头。马克思主义基本原理同中国实践相结合所创立的指导思想，则是在马克思主义基本原理的指导下，基于中国的现实实践并且为解决中国所面临的现实问题而创造出的现实性理论，后者对于前者存在着一种继承和发展的关系，都属于执政党指导思想谱系中不可缺少的环节。

对于执政党的执政合法性来说，马克思主义的基本原理提供的是一种长时段的、以社会基本矛盾为主导的社会类型演变的宏观框架，它通过对社会发展的基本规律、发展趋势的把握及对执政党历史使命的设定等，为执政党的合法执政提供客观的哲学与社会论证。马克思主义基本原理同中国实践结合所创立的指导思想，则是通过对处于变迁之中的中国现实实践所提出的重大问题进行理论回答，从而在现实世界和当前形势下为执政党的执政提供意识形态方面的最新理论指导。

二 原有执政资源效力的减弱

任何执政合法性资源都无法一劳永逸地解决执政党持续面临的执政合法性压力，随着社会情势的变迁，也不可能持续稳定地产生效果。在某种意义上，任何一种执政合法性资源都有正面与负面的影响。这一方面是由执政过程中合法性资源的脆弱性造成的；另一方面

---

① 主要包括同中国革命的具体实践相结合所创立的毛泽东思想，同中国改革开放的具体实践相结合所创立的邓小平理论，同建设中国特色社会主义实践相结合所创立的"三个代表"重要思想，以及同中国发展实践相结合所创立的"科学发展观"。

是由执政资源在社会变革中所面临的合法性流失问题造成的。

(一) 历史资源的现实支撑力减弱

执政合法性论证上，执政党的历史资源主要是在时间层面提供一种纵向上的支撑，以过去的历史来为当前的执政现实论证。当革命党通过革命夺取政权之后，执政成为一种现实，历史资源往往是对执政现实的确认和事实支撑。基于历史资源自身的作用规律，执政党在执政初期所面临的执政合法性问题，很大程度上已经通过历史资源解决了，其合法性论证效力的最高点是在执政党最初掌握政权开始执政之时。然而，由于旨在夺取政权的革命同进行国家治理的执政之间存在着本质上的差异，革命的合法性并不一定能够充分而有效地论证执政的合法性。这里面当然存在着历史资源本身的原因：在应对现实时，历史资源对于执政合法性的支撑力会因其证明力的逐渐衰减而弱化对执政合法性的证明作用。这也就意味着，历史资源的合法性论证效力会随着时间的流逝日趋衰弱。从合法性资源的转换上看，在执政之后，随着时间的推移，执政党应对的主要是"现在"而非历史，所要完成的任务发生转变，所面对的合法性压力亦发生转移，体现在合法性论证资源上，就是历史所能够提供的正当性支撑逐步由执政党的执政能力来代替。执政能力是执政党通过执政绩效展现出来的解决现实问题的能力，从历史演进来看，执政党在应对"现在"的合法性压力上，将绩效作为主要资源，以此体现其执政能力。不过，绩效资源存在着另外的问题，那就是论证的可持续性减弱。

(二) 绩效资源的可持续性减弱

凡是以绩效作为应对合法性主要资源的，在现实中都将面临绩效资源可持续性减弱的问题，经济绩效更是如此。经济发展有其自身的规律，这些规律是人力无法改变的。首先，在经济资源与自然资源之间的关系上，经济发展以自然资源的消耗为前提，自然资源施加给人类的限制无法被摆脱。其次，在经济全球化的意义上，当前世界经济一体化进程加快，世界性经济体系形成，所有国家的经济活动实际上都已经被纳入了世界性经济体系的运转过程，任何国家想独善其身无疑都是痴心妄想的。最后，在经济发展的速度上，任何经济模式均无法长期保持持续、稳定、快速的增长，不但资本主义的经济模式面临着这样的问题，社会主义市场经济模式也面临着同样的问题。因此，任何执政党都不能把自己的执政合法性完全锚定在经济增长上，而是要保证执政合法性资源的多样性。

从人类需求来看，除了经济活动之外，人类还有各种其他需求需要得到满足。执政党的执政能力，就体现在满足不同需求的能力上。当前，中国经济增长减缓，经济绩效对于执政合法性的支撑作用正在变小，为了维持持久的执政合法性，在以经济绩效为主要合法性资源的情况下，执政党需要不断强化经济需求的满足能力，并不断转移或创造不同的绩效兴奋点，从而为执政注入不同的绩效合法性资源要素。例如，通过竞选等政治的民主化形式，释放人们的政治参与激情；通过增加节假日，创造人们对于闲暇的消费欲望，为获得社会成员的执政认可投资，等等。《党章》指出："要从根本上改革束缚生产力发展的经济体制，坚持和完善社会主义市场经济体制；与此相适应，要进行政治体制改革和其他领域的改革。"这其实指出了维持经济绩效作为主要执政合法性资源的一条改革策略，在强调经济体制根本性的同时还阐明了经济体制与其他体制在改革过程中的密切关系，尤其突出了政治体制改革对于经济体制的适应性。由于法治是被置于政治体制之中的，法治中国建设就还存在着适应国家提出的市场经济体制的要求。这要求执政党在保证经济绩效的同时，还要为经济活动提供法律规范，将经济发展纳入法治的框架之中，从而为经济绩效的可持续性提供规范保障。

(三) 意识形态权力话语的弱化

作为政治动员主导者与动员对象共识的意识形态资源，在社会急剧转型的过程中，同样面临着话语权弱化的危险。造成意识形态权力话语弱化的一个客观原因是，由"阶层分化加剧引发执政资源弥散性扩大"①而导致的思想意识多元化。在一个开放的社会，思想竞争可能会导致国家意识形态难以为继，这对中国当前党的执政制度来说无疑是巨大的挑战。传统的意识形态能够发挥控制作用，与意识形态所支配的对象分化度低有直接关系。马克思主义传统上是依据阶级对立来对社会不同发展阶段的社会阶级进行划分的，如封建社会的地主阶级与农民阶级，资本主义社会的资产阶级和无产阶级。把这种理论应用于中国现实所形成的新的阶级划分，可以中华人民共和国成立为界来进行区分。在中华人民共和国成立前的革命时期，除具有国际压迫色彩的帝国主义外，封建主义所代表的封建势力和官僚资本主义所代表的大地主大资产阶级，都是中国社会的主要统治阶级，工人、农民则是主要的被统治、被压迫的阶级。在中华人民共和国成立后，尽管出现过将阶级斗争作为社会主要矛盾的思想主导期，但在执政党执政时期关于阶级的最主要划分，依然是工人阶级与农民阶级。将庞大的社会群体进行包含知识分子在内的工人阶级与农民阶级的划分，是以传统职业区分为基础所进行的政治区分。这两大阶级与"敌人"对立，"工农联盟"体现了两者在面对"敌人"时的共性关系。这种划分的合理性在很大程度上是由社会中两大群体的内部身份差异度低、利益分化度低、教育程度差别化低作支撑的。在改革开放后，随着社会的多元化加强，社会成员经济利益的分化、政治身份的多样化、受教育程度的普遍大幅提高，个体之间的思想意识差异化增大，冲击了

---

① 赵光侠:《阶层分化过程中执政党社会整合的科学定位》,《求实》2006年第9期。

主流意识形态的正当性，从而降低了意识形态资源的可信性。

任何思想理论一旦成为意识形态，都有陷入僵化的危险，从而弱化意识形态资源在执政合法性上的作用。思想的意识形态化，意味着思想的制度性强制的出现。通常，意识形态作为一种思想体系，往往是由特定的个体创立的，这使得意识形态通常都具有一种人格化的特征。个体性的人格权威如果不加以意识形态化，就很难取得持久的影响力，而一旦被意识形态化，又往往容易形成理论束缚，并有可能因无力解释持续变动的社会而丧失理论分析与批判社会的能力，从而消减其在社会成员群体中的信用。特别是在社会多元化之后，主流意识形态虽然一直需要确立和保持其在社会思想竞争中的主导地位，以确保社会思想不陷入彻底的混乱状态，但偏离主流意识形态的离心倾向始终存在。面对多元化的现实，主流意识形态徘徊在变与不变之间。思想成为意识形态且易陷于僵化，若主流意识形态不能与时俱进，则无力回应现实需求，从而因解释力丧失①导致信用降低。若适时进行调整，则需要面对意识形态传统所施加的合法化压力，从而出现与传统上被确定为基本指导思想的理论之间的博弈，而这又会削弱传统意识形态的正统性。"面对社会转型和日新月异的新局面，政党必须不断地更换或者推进指导思想的转变，以尽量弥合和避免政党意识形态的僵化与社会的急剧变动之间产生的裂隙；而每一次政党指导思想的更新，同时又必须不断地诉诸这一传统，造成了与时俱进的指导思想与传统指导思想之间的分离，从而要求政党利用修辞策略，通过对传统的重新阐释来寻求两者之间的一致性。"② 意识形态所面临的这种内在困境，也要求执政党必须在执政合法性资源上进行转换。

---

① 解释力丧失并不一定会导致控制力减弱。
② 孟庆涛：《革命·宪法·现代性》，中国政法大学出版社2012年版，第263页。

三 以法治强化党的执政能力

在历史资源的现实支撑力、绩效资源的可持续性、意识形态资源的可信性同步减弱的条件下,执政党必须要寻求执政合法性的重新建构。"相对于威权体制所面临的合法性压力,法治具有重新奠基合法化的作用,从而可以在某种程度上分解这种压力。"[①] 从方式上看,建构执政合法性的资源,既可以是对既有资源的巩固和加强,也可以是对既有资源的转换,即开辟新的执政资源。在新的执政资源中,法治具有至关重要的地位,并且目前在整个世界都获得了普遍认可,成为执政党进行执政的基本正当性资源。对于中国来说,执政党除进一步开掘历史资源与绩效资源外,还必须要完成从意识形态合法性到制度结构合法性的转换,而依法执政的提出正体现了其执政合法性基础的法治重构。

(一)依法执政的法治意义

面对原有执政资源合法性的弱化问题,执政党已经有意识地在进行执政资源合法性基础的转变。关于党的领导问题,《党章》指出:"党要适应改革开放和社会主义现代化建设的要求,坚持科学执政、民主执政、依法执政,加强和改善党的领导。"依法执政在党的文件中最早见于党的十六届四中全会的《中共中央关于加强党的执政能力建设的决定》,这是党的历史上第一次提出依法执政,被认为是党的领导方式和执政方式的重大转变。《党章》界定了党的执政的三个原则,三者的关系以科学执政作为基本前提,以民主执政作为价值取向,以依法执政作为基本途径。在党的执政原则体系中,依法执政是在领导方式上对执政做出的要求,从正当性基础

[①] 孟庆涛:《革命·宪法·现代性》,中国政法大学出版社2012年版,第264页。

的转换来看，是对执政进行了规范和行为模式方面的转换。这种转换为执政党带来了法治压力，法治给执政党带来的是整体性的合法化压力，并对其凝聚政治资源能力的各项要素产生影响。从意识形态的视角来看，法治压力尤其对意识形态产生直接的影响，并要求意识形态的法治性转换。

（二）意识形态的法治底蕴

依法执政要求党在执政中要抓住制度建设这一重要环节，从制度和法律上保证党的路线、方针、政策的贯彻落实。党的路线、方针、政策应当是基于民主集中制原则的运作，人民的利益、意志与党的领导、决策机制相互作用，达成重叠共识的结果。"在现实中，这种重叠共识必须制度化才能真正落到实处，这就是意识形态的法治性。统治阶级要长期执政，必须将意识形态合法性转化为制度结构上的合法性。"① 制度结构的合法性，本身包含着民主因素，民主所具有的合法化功能同样可以增强制度结构的合法性。在立法层面，法治借助民主实现制度结构的合法化；在运行过程中，法治将意识形态的认同转化或同化为对于法律规范及其运转机制的认同。这一重大转换的实质，是将法治建构为政治议题并形成政治认同，最终建立起法治意识形态。

第二节　作为政治议题的法治建构

法治的中国语境，在实质上可以表述为法治的政治建构。这种政治建构经历了认识上从法制到法治，层面上从学术到政治，建构对象上从法治政府到全面从严治党，规范领域上从注重依法办

---

① 杨瑞程：《再探政治合法性——以政治信任为视角》，《中国政治学》2018 年第 2 期。

事到依法行政、依法执政的转变过程。不过，如果把法治置入中国的改革进程来看，法治建构在很大程度上又可以看作政治改革的突破口。

一 政治议题下的法治演进

作为政治议题的法治，至少主导了党的十五大以来的国家建设。法治不但在根本上是指向政治的，而且本身就是由政治建构出来的。从法制到法治这种权力话语的变化，体现了执政党及普通民众对于法治认识的深化。从法制到法治的话语转变，最初来自学理的论证，最终落成于政治的确认。就整个国家的法治进程演进来看，执政党在接受法治理念并启动依法治国的法治建设后，首先对政府提出了依法行政的要求，从而有了建设法治政府，随后提出的依法执政则将政党本身在原则上纳入法治建设的体系，对党规党纪的强调及全面从严治党的实施，正在把政治深深地嵌入法治议题之中。

（一）从法制到法治

将法治上升为执政党的国家战略，始于党的十五大报告提出的"依法治国，建设社会主义法治国家"。法治成为政治议题的最主要的标志，是党从十五大开始正式以决议的方式表述法治，将法制话语表述转换为法治，并将法治建构为意识形态的组成部分。中华人民共和国成立后，通常所使用的是"法制"这一概念，虽然偶尔也会出现"法治"一词，但至少其并未被赋予现代法治的理念内涵。从"法制"到"法治"首先是一种话语变迁。这种变迁背后隐含着"法治"对于"法制"在话语表述、结构体系、价值内涵的变迁、企求和超越，是一个表达对于事实的描述和对未来愿望的价值追求的双重体。因此，从法制到法治的跨越就不能仅仅看作语词的转变，因为在每个语词的背后，都浸透着政治主体对于法的理念的理解，都存在着不同的理念差异。对话语变迁的理解，要将其置于社会结构之中，话语变迁实际上是社会变迁的一个外在表现。从法制到法治的演进，内在地包含着社会结构的变化。

法制与法治的理念差异具体表现在政治主体对于这两个概念的差异性诠释上。当政治主体将古代即存在的"法治"语词赋予现代意味的时候，这个词就在展示着政治主体的法治理念：法治被认为是对法制的超越，在核心意义上，法治不但包含着法律制度的建构，而且意味着对专制内容的否定，在国家治理的意义上，法治意味着"好"法制，因而法律制度本身被赋予了优异的价值内涵。法治对法制的超越，首先是理念和价值层面上的超越，因此，建构法治，首先也就是在认识层面上确立法治的优越性，建立法治与优良政治之间的价值关联。

(二) 从学术到政治

从"法制"到"法治"的话语转变，是一个从学术"江湖"走向政治"庙堂"的过程。学术界，特别是法学界是这一历史转换的见证者与贡献者。在设置这一政治议题之前，法治最先出现在"江湖"而非"庙堂"，首先是以学术话语的形式存在的，但是，学术界对法治的最初讨论和倡导却来自政治。学者们对于国人法治的启蒙来源于研究者所经历的政治苦难和自身体验，他们希望将法治这一现代民主国家的普遍经验从"处江湖之远"转变为"居庙堂之高"。他们把这种体验进行了学术意味的表达，试图以一种带有理想图景色彩的诠释来赋予他们对法治的政治期待。在某种意义上也可以说，学者们以赋予"法治"这个语词理想价值的方式来抚慰在过去岁月里错误的政治路线给中国人心灵造成的创伤。在此过程中，无论法制还是法治，都在法制缺陷的发现与法治优异的开创中得到了学术上的诠释。特别是当法治与民主、人权等价值诉求联结起来的时候，一旦民主、人权等价值理念获得了正当性承认，法治的地位就得到了凸显。从法治话语来看，对法治的学理论证是非常充分的，这也为从法制到法治的政治转换提供了一定的学术条件。学者们将关于法治的政治诉求通过学术的方式表达出来，并试图影响政治的走向。最终，基于"政法"的传统，经过学术的发酵，作为政治的一个议题，法治的政治价值被开掘出来，从而实现了从学术走向政治的目标。正如《党章》指出的："中国共产党领导人民发展社会主义民主政治。坚持党的领导、人民当家作主、依法治国有机统一，走中国特色社会主义政治发展道路，扩大社会主义民主，巩固人民民主专政，建设社会主义政治文明。……加强国家立法和法律实施工作，实现国家各项工作法治化。"

（三）从法治政府到全面从严治党

尽管法治议题首先是由执政党提出来的，但是从法治推行过程中的先后顺序来看，推进政府行为的法治化要先于执政党执政方式的法治化，即首先将法治作为政府的一个行为要求推动政府向法治政府转变。执政党有意识地区分自己与政府在国家治理中的不同功能，将国家体制的重新塑造重心首先放在政府身上。从法治议题的发起到法治过程的具体实践来看，执政党将政府作为法治建设的"排头兵"，体现了执政党在法治探索道路中的正确思路。因此，推进法治政府建设，其动力不在政府本身，建设法治政府实际上是政府对于执政党政治决策的落实和回应。就与民众的关系而言，政府所从事的各项事务更具有直接相关性，建设法治政府，是在新的世界形势和时代条件下建立政府与民众的新型关系。这种关系在某种意义上具有双向规范的作用，政府和民众在新的更具有权威的法律规范下，调整各自的行为界限，特别是政府，通过法治的运作限制自身的行为。而执政党通过政府的法治化，通过塑造政府与民众在法治下的关系，重新建立了自身与民众的关系。这种被法治化的关系塑造，反过来导致民众与政党关系的重塑。这种重塑，就党内治理来说，就是"全面从严治党"。

（四）从依法行政到依法执政

从依法行政到依法执政，体现了推动法治建设和相关主体的转型，以及从规范政府向规范政党的转变。依法行政解决的是建构法治政府的问题，依法执政解决的是建构法治政党的问题。在政府通过依法行政重新塑造政治与民众关系的同时，由其所形成的正当性压力会反作用于推动政府依法行政的执政党，从而对执政党在现代法治社会的重新定位提出要求。法治的全面规范化，要求执政党的行为自身也要实现法治化。执政党对此所提出的依法执政，正是在回应法治自身的需求。从中国法治推进主体对于法治作用对象的演进逻辑来看，即"政党—政府—政党"的推进与回归逻辑，也就是政党接受与表达法治理念，政党推进法治政府建设，政党依法执政，将自身纳入法治轨道，最终实现政治动员主导者与国家主体、社会主体共同遵循法治要求，实现法治政府、法治国家与法治社会的一体化建设目标。全面从严治党，实际上已经拉开了执政党法治化的序幕。它从自身的内部调整与转型开始，通过内部的改造，以及党规党纪的建设，以法治的方式实现执政党的转型。在此意义上，作为中国当前政治改革核心内容的执政党转型，正是选取法治作为政治改革的突破口。确实，政治体制改革的核心和实质在政治体制层面，但要按照目标直接地对政治体制动手术却是不现实的。为了让政治体制改革真正有效地推进，就必须"全面推进依法治国"，利用法治保障政治体制改革的成果，并把推进政治体制改革过程中遇到的阻力，通过法治的途径予以排除，而非将法治仅仅看作政治体制改革的指导理念。

二 法治的政治改革突破口

在政治改革突破口的意义上理解法治,就是要现实地理解作为法治发动机制的政治动员。而要把握政治动员,把握政治动员在中国政治体制中的地位和作用,就必须围绕中国共产党展开。"政党推动"是中国国家治理转型,是当代中国政治变迁的逻辑核心:"第一种含义指的是,政治体制改革必须在中国共产党的领导下进行,中国共产党是政治体制改革的领导者;第二层含义指的是,中国共产党是政治体制改革的主体力量,是成功推进政治体制改革的主要政治因素。当今中国任何有关中国发展的政治构想如果脱离这两个前提和现实,都是不切实际的幻想。"[①] 在把握这一基本前提的基础上,我们可以根据中国共产党在当前的重大政治抉择,来把握中国政治体制改革的突破口问题。党的十八大以来,党中央先后提出了"四个全面"的要求,其中,"党的十八届四中全会决定"是中国共产党历史上第一个以法治为主题的最高决议。这个最高决议显示了政治与法治之间的复杂关系,我们可以从中剖析法治与政治之间的分离聚合,感受法治与政治的动态变化。

(一) 法治隶属于政治的传统

在马克思主义的传统政治理论体系中,作为上层建筑的一部分,法律隶属于政治,是维护统治阶级地位的一个重要工具。这种理解基于政治本质,符合阶级政治的要求。从这一理解进行进一步的推论,可以认定,作为法律系统本身的内在构成,法律在运行层面上所包括的各个系统"都隶属于政治系统,都是政治系统中的组成部分,这就意味着,由特定的立法、行政、司法组合而成的法治系统,同样属于

---

① 王邦佐、谢岳:《政党推动:中国政治体制改革的演展逻辑》,《政治与法律》2001年第3期。

政治系统。或者说，法治的本质就是政治，法治是一种政治安排的方式"①。如果我们把政治在组织方式上理解为权力的分配，那么，无论基于何种具体的组织方式，政治权力在总体上都是由立法权、行政权、司法权、监督权等各项主要权力组成的整体。"依法治国，建设社会主义法治国家"的真正含义，是立法权、行政权、司法权的依法赋予、行使与监督。而立法权、行政权与司法权不过是整体意义上的国家权力，从政治的角度来看，在实质上仍受制于执政党的执政权力。如果说宪法在根本上是调整公民权利与国家权力的分配、国家权力之间的组织规范，那么，宪法在实质上也不过是政治权力在法律上的分配与反映。

  法治与政治的关系不能简单地用隶属或分离来表示，因此，尽管法律或法治在本质上受制于政治，但并不代表法治对政治不会产生影响。即便如施米特（Carl Schmitt）所说的那样，政治在本质上是一种敌我决断，法治则是要对这种决断的随意性进行限制。在一个国家内部所塑造的公共场域中，法律的作用在于，通过一种带有强制力的规范，让参与政治的主体能够普遍遵循共同的规则从事政治活动。因此，在法治的轨道内，政治不能是一种既有绝对优势的法律化，而是意图塑造一个法律规则主导的政治角逐公共空间。在这个公共空间内，所有的政治主体一体遵循共通的法律规则，而非有哪一主体可以跃居于法律之上或置身于法律之外。在此意义上，法律或法治虽然是政治的一部分，但在嵌入政治时，法治实质上要对政治进行规范，并且要在法律所塑造和维持的公共空间中达到一种不会导致公共空间破裂的平衡。"因此也可以认为，法律体系乃是广义的政治结构的一个组成部分，法治则是这个广义的政治结构所达到的一种内在的平衡状

---

① 喻中：《作为政治的法治：社会主义法治理念的政治解读》，《烟台大学学报》（哲学社会科学版）2012年第3期。

态，是政治与法律之间的某种妥协。"①

（二）通过法治推进政治

法治并非仅仅具有法律意义，从政治的层面来看，它还意味着政治权力的一种重新调配和法律规范化。有学者从中华人民共和国成立以来中国在政治体制方面存在的主要弊端，市场经济的发展及由此引发的社会、政治、文化等方面的发展和变化，构建和谐社会所面临的经济和社会实际情况，中国社会主义民主政治建设的现实需要等方面，论证了以法治作为中国政治体制改革切入点的理由。② 其实，究其根本，法治之所以可以作为政治体制改革的切入点，是因为法治可以充当一种有效的权力结构的再分配方式。无论是其基于发生史还是当前的现实状态，法治都是中国政治的一部分。特别是"党的十八届四中全会决定"作出后，中国司法领域开展的重大改革措施无不证明了这一点。如果说，十多年来的司法改革是在机制层面的修改的话，那么当前所进行的建立跨行政区域法院等活动，则明显是在进行体制层面的改革。所谓的体制层面，实际上就是司法权与行政权和立法权及政党权力关系的调整，这至少从司法的层面证明法治是政治体制改革的一部分。在利益主体多元化、以经济利益为主的利益类型复杂化、社会变动加剧的现实状况下，试图调整利益格局的政治改革只有先"立规矩"，建立共同认可的行为规范前提，才有可能在维持社会秩序的条件下取得成功。只有具有强制性和救济性的法律才能充当这种共同认可的行为规范前提，这也是只有法治才能充当政治体制改革切入点的重要原因。

---

① 谭菊华：《现代社会治理与政府治理法治化融合互动机制研究》，《人民论坛》2019年第27期。

② 参见韩旭《法治建设：推进政治建设的切入点和主要载体》，《探索》2008年第6期。

（三）政治与法治的领域分合

法治与政治不是简单的隶属关系或分离关系，政治领域与法治领域的分与合不能简单地进行化约。说法治在本质上隶属于政治领域，只是在抽象的意义上才成立；说法治领域相对于政治领域具有独立性，也是在抽象的意义上才成立，两种说法都具有一种理想的色彩。当某种要求在法治领域与政治领域具有一致性时，按法治隶属于政治的原则处理不会对这种要求产生排斥；反之，当某种要求在法治领域有其合法性但与政治产生冲突时，按法治隶属于政治的原则处理就有可能导致法治与政治出现冲突。不过，意图通过法治来推进政治体制的改革，本身包含着政治领域与法治领域相分离的要求。法治领域与政治领域在抽象层面的隶属关系，形成的是前者对于后者的依赖关系和不可分离性，如果这在具体的现实层面也被完全贯彻下来，那么通过法治来创造和维护公共政治空间的愿望就可能会落空。如果法治建设的推动力量来源于政治，而政治又构成了法治的破坏，那么，法治就是永远无法实现的幻想。这也就意味着，法治的存在以法律领域与政治领域的分化作为前提，法治道路的开辟受制于政治领域为法律领域提供多大程度上的自主活动空间："法律的修订不是以社会共识或利益平衡为基础的，当事人需要，而且有必要凭借政治力量直接进入执法领域争取自己主张的权利，导致法律走向象征化、残缺与停滞。法律的象征化、残缺与停滞，进一步加强了政治力量高于法律的权力，强化了政治领域与法律领域的不分，由此法律走上自发弱化的演化道路，这是一条与法治分道扬镳的道路。"[①]

[①] 曹正汉：《地权界定中的法律、习俗与政治力量——对珠江三角洲滩涂纠纷案例的研究》，载张曙光主编《中国制度变迁的案例研究》第六集，中国财政经济出版社 2008 年版，第 805 页。

第三节　法治认同的意识形态建构

法治议题是政治主体借助政治的运作逻辑建构出来的，并且其本身是国家整体建构中的政治建设部分。任何政治议题的建构都包含着政治认同的形成过程，而政治认同的形成过程除了利益整合之外，还是一个意识整合的过程。从政治上来看，政治输入与政治输出共同作用，才会使作为政治认同一部分的法治认同得以形成，但在两者的共同作用过程中，因为法治的要求，强调的重点需要有意识地从主体认同转向规范认同。对于法治的认同，中国经历了一个从学术到政治，从执政党到大众扩展的过程，这体现出不同层次的法治认同。被纳入政治后，法治认同体现出更为强烈的意识形态色彩，并展现出一些内在的矛盾：当代中国的法治建设是由作为政治动员主导者的执政党来领导和推动的，法治认同的形成需要通过意识形态的政治动员才能得以推进，在此过程中，原有意识形态对于法治的排斥作用需要被排除掉，而作为法治认同核心内容的权利认同与政治动员方式之间由于存在着一定的悖谬现象，有可能导致个体权利被淹没在运动式的动员之中。

一　法治的政治认同

要获得稳定、持续、长久的民众信任，作为以政治诉求为主要目标的社会主体，执政党就必须要通过意识形态凝聚政治共识，因为只有在政治共识的基础上，民众与政党之间的互信才能有效地建立起来。"政治共识作为人们在政治领域共有的一系列理想信念、价值观念和规范准则的总和，包含着两个最重要的变量：一个是政治共识的主体是谁，另一个是政治共识的目标指向即谁对什么达成共识。"① 法治共识也是一种政治共识，就共识目标而言，法治政府、法治国家与法治社会的建立是通过法治欲达成的基本目标，这些目标的基本共同特征是法治化；就共识主体而言，法治共识是执政党与除其之外的所有社会主体共同认可法治，并重点取得社会民众的支持，形成普遍性的政治共识。在民主化的时代，法治共识在形成方式上开始体现出从政治输入向政治输出转化的特点，在认同对象上开始体现出从主体认同向规范认同转变的特点。

（一）从政治输入到政治输出

如果将法治置于政治输入与政治输出的过程，那么，政治输入就是将政治输入法治，政治输出是将法治输入政治，法治则成为政治输入与政治输出的连接器，是两者共同作用的结果。但是在这里，被输入与被输出的政治是有差异的。从历史来看，输入法治的政治带有权威主义的特点，而经过法治过滤之后被输出的政治则带有更大的合法性和规范性特点。

1. 政治输入法治

在前法治的权威政治时代，民众作为政治动员对象，由于其实质上的非政治主体性身份，政治意愿无法通过组织化的渠道有效表达，健全的政治意识也就无法形成。在这种情况下，政治动员主导者的政治输出在"权威主义"体制之下通常就可以有效地进行，并产生政治认同聚合的结果。"权威主义这种低权利高义务的体制，特别是暗含暴力色彩的虚无主义的阶级身份管制机制，造成了动员议题下高度一致的认同聚合行动，但这种一致性却无法摆脱其虚弱的本质。"② 说其虚弱，首先是因为通过权威主义体制达成的政治认同聚合的高度

---

① 李锦峰：《中国需要什么样的政治共识》，《学习与探索》2012 年第 5 期。
② 李里峰：《中国革命中的乡村动员：一项政治史的考察》，《江苏社会科学》2015 年第 3 期。

一致性是一种基于强制的刚性结构，其次是因为这种政治认同聚合隐含着政治动员对象的实质无主体性。由于阶级身份管制机制及其对社会成员造成的政治绑架，政治动员主导者的政治输出可以在总体上实现自身意志的彻底灌输，从而在低层次的意识自主范围内形成高度一致的政治认同。政治动员对象以一种被动的姿态接受政治动员主导者的政治输出，并从中获取和形成群体性的政治意识和政治认同。基于这种政治意识形成结构，政治动员主导者所进行的政治输出在内容上是什么，实质上是无关紧要的。这也就意味着，在这种政治意识形成结构的运作下，输入人治或输入法治都不会遇到实质性的障碍。然而，通过政治输入人治或输入法治对于政治意识形成结构的影响却又大不相同。

如果法治不是政治动员主导者进行政治输出的结果，作为意识形态可以容忍的内容，法治在成为意识形态之前就必须是一个允许进行公共讨论的政治话题。法治之于政治的核心问题，主要不在于法律的国家意志性与强制性，而是体现在价值或政治的层面，法律其实是要确立其与（政治）权力的正常关系，确立自身在权力分配与角逐中的地位。权力在实质上是政治的根本内容，所谓的法治反对人治及反对专制，不过是说法律反对"权治"，而这就涉及权力组织与分配的政治架构问题。因此，允许讨论法治问题，就是允许对权力及权力运转的政治架构发言。允许讨论权力问题与政治问题，不但涉及政治系统内人员（首先是党员），更涉及大众。"在当代社会，随着人们民主意识的提高，仅仅通过'输出'已不足以获得公众的政治认同。只有逐步开通'政治输入'渠道，不断增加公众参政议政的机会，政治系统才能获得公众的政治认同。"[①] 只有在法治这个政治议题成

---

① 李春明：《政治输入与当代中国的政治认同建设》，《当代世界社会主义问题》2008年第2期。

为大众可以讨论的话题，并且能够通过某种渠道将其关于法治的政治意愿输入政治决策之中时，法治才能在大众中获得政治认同。这其实也就是说，虽然法治是政治动员主导者政治输入的结果，但要获得公众的政治认同，法治还必须同时是公众进行政治输入的产物。

2. 法治输出政治

如果承认法治中国建设的政治动员在动员主导者与动员对象关系上是一种执政党与民众之间的相互动员，那么，法治的政治认同就应该是执政党的政治意识与民众的政治意识相互认同并聚合的结果。这意味着，一方面，法治是政党内部的政治共识，经由自上而下的政治输出，法治意识被传达给社会公众，公众从中获得政治主体的政治意识信息；另一方面，社会公众也会在一定的层面形成关于法治的政治共识，并经由自下而上的政治输入，将公众的法治意识传达给政治主体，政治主体从中获得公众的政治意识信息。在这个相互运动的政治意识传递与交流的过程中，关于法治的共识可以被达成，并且聚合成为存在着双方共同认可性的法治意愿。"政治动员中的议题选择和议题建构还只是动员主导者自上而下单方意志的体现，只有最后自下而上形成公众的认同聚合，政治动员中符合政治精英预期目标的集体行动才算形成。"① 由于民众在政治认同的议题选择与建构上发挥了重要的作用，因此，关于法治的政治认同与聚合，就不再是单向的政治输出，而是政治输出与政治输入共同作用的结果，因此，法治本身的合法性程度就比传统单纯的政治输出要稳固得多。也正是由于这个原因，法治在向全社会推行的过程中，其所遭遇的价值与意识层面的抵制也就相对要小得多。不过，尽管在法治的政治认同形成上，执政党与公众共同对法治进行政治输入，并在目标上通过法治输出政治形成

---

① 张晓磊：《突发事件应对、政治动员与行政应急法治》，《中国行政管理》2008年第7期。

法治，但当代中国的法治建设始终面临着巨大的压力，因为法治要同时规范政治动员主导者与民众，最终还要实现从主体认同到规范认同的转变。

（二）从主体认同到规范认同

政治认同具有整合作用，不过，由于政治认同建立确立的认同点不同，整合作用所发挥的作用也就不同。权威主义的政治认同在本质上仍然是一种人治式的认同，其首要认同的是权威的政治动员主导者，由主体派生出来的意识或理念则附属于动员主导者。政治动员对象因其在政治输出上来源于政治主体而对政治权威认同，作为政治动员内容的一部分，法治认同虽然包含着这种权威认同，但在根本上还是对法治理念、规范与制度的认同，并且最终要形成对于政治动员主导者的政治信任。"政治信任体现为对政治行动者、政治制度和政治共同体的信任。长期的政治信任依赖于政府的绩效。可见，这种政治信任带有极强的交易色彩和偏好特征。其交易色彩和偏好特征不仅表现在对政客、政党和政策的信任中，而且也表现在对政治制度的信任中。"① 这也就意味着，对于法治的认同，只有超越对政治主体认同的层面，将法治制度整合进政治制度并将政治制度法治化以后，才会形成真正的制度性、规范性认同。规范认同首先不是实质性内容的认同，而是一种程序和行为方式的共识，因为只有在程序和行为方式下，政治动员主导者与动员对象之间的相互主体性才能建立起来，对法治的共同尊重与遵循也才能实现。

从认同效果来看，只有法治认同才能建立起全面的社会性认同。由于社会主体的自主性与参与性程度往往都不充分，人治式的政治认同在整合效果和整合效率上看似优越，但在实质上由于动员成本是由

---

① 刘建军：《论社会转型期政治信任的法治基础》，《文史哲》2010年第4期。

组织和社会承担的，因而会出现政治动员主导者与动员对象之间的极大反差："在这种整合模式中，少数人或某个人的积极性、创造性和潜能得到最大限度的发挥，多数人的积极性、创造性和潜能却受到最大限度的压抑，社会活力极低，效率无从谈起。"① 法治认同不同于人治的重要之处在于，由于整合是在作为大多数的动员对象的主体性和参与性得到充分尊重和发挥的情况下发生的，法治认同一旦形成，就具有了相对的稳定性、持续性和全面性。

从认同化解制度化逻辑与革命化运动之间的矛盾的可能性来看，法治认同发挥作用的可能性最大。"可以说，1949 年以来的中国现代国家构建与政治动员密切相关，制度化（官僚化）与革命化（群众运动）的双重逻辑的碰撞与调适一直影响着从新中国成立到改革开放之前这一时期中国政治社会发展的进程。"② 制度化的基本特征是去个性支配化而代之以规范或制度的支配，群众运动的基本特征则是反制度化或去制度化的支配。制度化与革命化之间的较量结果，往往是革命化对于制度化的破坏。由于法治是政治认同的结果，并且内在地反对革命化，因此，以制度化为导向的法治建设也就本能地要制约和替代革命化。但由于法治本身也是以政治动员的方式发起和推进的，因而，从主体认同到规范认同的转化过程中，就隐含了一种悖论现象。

二 法治意识形态

当法治以意识形态作为思想指导，或者意识形态将法治吸纳为自

---

① 杨黎婧：《公众参与政府效能评价的悖论、困境与出路：一个基于三维机制的整合性框架》，《南京社会科学》2019 年第 9 期。
② 路阳：《政治动员、群众运动与中国国家建构——毛泽东时代中共政治动员述析》，《中共杭州市委党校学报》2013 年第 2 期。

身的一部分的时候,就会形成法治意识形态。当对法治的认同是通过意识形态推进的时候,法治认同的形成过程也就会变成法治的意识形态化过程。

(一) 法治认同的三个层次

法治中国建设中的法治认同,经历了一个从特殊群体的学术认同到政治认同的过程。因此,从对法治的学术认同到对法治的政治认同,从主体上看,就是认同主体从学术群体向政治群体的扩展。如果把政治动员主导者和动员对象都从政治主体的角度来把握,在发展到政治认同的阶段时,政治认同就会在两个侧面分别实现:一个是作为整体的政治动员主导者在内部达成政治共识,同时作为整体的政治动员对象在内部也达成政治共识;另一个是政治动员主导者与动员对象的相互认同:"一方面是领导(统治)集团及各个层次的政治精英能够普遍认识到自己的政治行为特别是各种资源的配置和使用必须符合人类社会发展规律,必须符合最广大人民群众的根本利益,必须防止少数人的特殊利益、局部利益凌驾于多数人的共同利益和全局利益之上。另一方面是普通民众对现存政治制度、政治指导思想及其实践的一致承认和接受,对政治统治者及精英的政治行为的普遍默示或者明示的同意、赞成、肯定或至少是容忍。"[①] 由于政治群体可以被区分为两个层次,所以,根据法治认同形成过程中不同群体的认同演进与扩展过程,就可以对法治认同进行三个层次的划分:对法治的学术认同,是在法律职业群体内部进行的,形成的是法律职业群体的内部认同;当法律人内部的认同为政治主体所接受并作为执政党内部的认同时,就会形成执政党的法治认同;当政治系统通过意识形态将法治认同推向所有社会群众,所形成的法治认同就是全民认同。

[①] 宋玉波、陈仲:《改革开放以来增强政治认同的路径分析》,《政治学研究》2014年第1期。

1. 法律职业群体的内部认同

法治认同首先是一种基于法律职业的意识认同。从法治中国建设的启动过程来看，最初倡导法治的不是政治家，而是法学家。在"政法"传统中，法律职业在性质上曾一度被认定为国家的暴力统治工具。随着时代的变迁，经由职业训练并具有共同法律思维的法律职业共同体逐步形成，法律职业圈子逐渐认可法治，法治成为法律职业共同体的共识。在中国的政法体系中，政法院校成为培养高级法律职业人才的主要场所，对于促进法律职业群体的形成发挥了重要作用。政法院校所进行的养成教育，其主要功能并不在于法律职业技能的传授，而在于法律职业意识和法律思维的培养，从而形成职业内部的认同，并促进法治意识的传播与认同。法律职业群体意识到法治与政治的密切关系，认识到法治对于国家的重要意义，他们试图通过学术的力量推动中国政治的法治化，为在政治群体中形成法治认同做出了不懈努力。

2. 执政党的法治认同

执政党接受法律职业群体的法治理念，将其上升为政党的意识形态，从而成为意识形态整体中的一部分，形成了执政党整体上对于法治的自我认同。执政党的法治共识形成的一个重要特点是，在党的高层没有形成法治共识前，下级党组织及普通党员无法形成法治共识。执政党的领导体制、组织结构、意识形态特点等决定了法治共识的形成带有自上而下的特点。正是基于这一特点，法治即便在普通党员中得到了认可，但在没有来自最高层的倡导前，表达法治话语可能存在一定的政治风险。而在法治成为执政党意识形态的组成部分后，法治获得了政治上的正确性，法治话语成为政治正确性话语。因此，只有在经过党的最高组织的认可、倡导并进行自上而下的宣传动员之后，法治在执政党内部才能获得认同，换句话说，只有在确认了法治的政治正确之后，执政党的法治认同才是可能的。

3. 法治的全民认同

法治的全民认同是全体社会成员对于法治的普遍认同。法律职业群体由于职业出身的共同性、法律思维的职业性等而易于形成法治共识，执政党由于政党的组织性和意识形态性等而利于形成法治共识，但这两个优势在全民层面都是缺乏的。要形成全民性的政治认同，就必须要保证其所认同的内容具有全民的性质。由于认同既可能包括认同的对象即认同谁，也包括认同的内容、认同的方式等，因此，要塑造一种全面的认同，就必须要求其所认同的是具有普遍性的东西。作为一种社会心理现象，政治认同必须能够激发全民的某种认同心理，与全民的某种心理需求取得共鸣。与执政党的法治认同不同，由于缺乏有效的组织体系整合，法治的全民认同要取得成功就需要在认同意识，即认同的意识层面付出更大的努力。实际上，这个任务是执政党通过将法治意识形态化予以完成的。

（二）法治认同的意识形态性

法治认同之所以能够成为全民认同，在根本上是因为执政党将法治意识形态化后予以全民性的教育与传播。将法治意识形态化，就是让法治成为全民共同的世界观的一部分："一旦我们运用意识形态的总体概念，我们便试图重建一个社会集团的总体世界观，无论具体的个体还是他们的抽象总和都不能被合理地看作这种思想体系整体的载体。"① 法治首先是成了执政党的意识形态，并通过党的报告、党章等形式，最终通过党的专门决议，被表述和认定为执政党的政治意识内容。意识形态的塑造与传播，本是意识形态国家机器功能的一部

---

① ［德］卡尔·曼海姆：《意识形态与乌托邦》，黎明、李书崇译，周纪荣、周琪校，商务印书馆2000年版，第60页。

分，在法治中国建设的政治动员中，法治成为执政党和国家的意识形态内容，在体现国家机器功能的同时，也在深刻地影响或表达着权利认同与动员手段之间的悖谬关系。

1. 暴力国家机器的意识形态属性

意识形态本来是一个系统的思想体系，但随着思想体系的政治化，就形成了政治性的意识形态。所有的意识形态都宣称自己在思想上的正确性和至高性，一旦某种意识形态借助政治组织和其他力量，特别是通过掌握政权而成为某一政权下所有社会主体在政治上的普遍意识，无论是通过认同还是通过强制实现的，意识形态都会获得超越思想本身的力量。某一政治势力掌握国家机器，政权所信奉的意识形态会通过国家机器的运转而成为社会的政治主流意识，并且成为国家机器体中的思想意识机器部件，通过国家机构扩散至社会，甚至成为社会的思想主导。因为意识形态背后有政治组织和国家机器的支撑，所以意识形态具有获取大众政治信任的天然优势。

意识形态获取政治信任的最高境界是形成信仰型政治信任。有学者将政治信任划分为偏好型政治信任和信仰型政治信任，并将信仰型政治信任的基础和法治联系在一起："信仰型政治信任乃是建立在法治基础之上的。当然，在高意识形态化的国家，信仰型政治信任也是存在的。但是，以意识形态为基础的信仰型政治信任却包含着致命的脆弱性，因为在马克思看来，意识形态本身就是一个虚假的世界。"①其实，问题的核心在于，信仰型政治信任的基础在于对政治信任的无理由确信，也就是说，信仰型政治信任是不审查信任基础的，因为一旦审查，理性的检验就要发挥作用。所以，信仰型政治信任的基础不可能是法治，法治首先就代表着形式理性，从而，当法治本身成为意

---

① 刘建军：《论社会转型期政治信任的法治基础》，《文史哲》2010年第4期。

识形态一部分的时候，理性对于意识形态的审查也就开始了。除非作为国家机器的意识形态本身也做出与法治精神的要求相一致的转变，否则，法治就会随着意识形态政治的变化发生相应的变形，后者在实质上更能显示出法治的意识形态性。

2. 作为意识形态的法治

中国的法治意识形态性主要表现在政治与法律的基本关系上，其根本问题就是党的领导与依法治国的关系。通常所说的"三个至上"即党的事业至上、人民利益至上、宪法法律至上，以及依法治国基本方略与依法执政基本方式的统一，党总揽全局、协调各方同人大、政府、政协、审判机关、检察机关依法依章程履行职能统一，党领导人民制定和实施宪法法律同党坚持在宪法法律范围内活动统一等，均系政治意识形态与法治要求统一或协调的结果。中国关于法治的意识形态性的最基本表述是"党的领导、人民当家作主、依法治国有机统一"。这一关系表明，中国的法治首先坚持政治动员主导者的领导地位，其次坚持人民主体性，最后是法治战略，相对于前两者，法治实际上更具有"方式"的意味。三者之间的统一关系意味着，要明白地确定党大还是法大等，在问题的提问方式上就是错误的，因为这样不但将问题简单化了，而且没有辩证地理解政治与法律的关系。认同法治，其实首先要求认同法律与政治的基本关系。基于法治的意识形态性，要想充分地理解法治，就必须在政治的框架内，从意识形态的高度来认识和认同法治。由于法治认同经由执政党的意识形态宣传，在传播法治理念的同时，也在传播法治的行为要求，并且在前提上限定了对于政治动员主导者的认同，因此，法治的意识形态性实际上成了理解中国法治内涵的前提条件。同时，由于政治动员主导者在法治表述中将法治与民族复兴联系起来，法治认同开始与中国梦、中华民族的伟大复兴这样的民族认同相勾连。因此，中国的法治意识形态就不能单纯地理解为法律问题，而是根本性的政治问题。然而，现代法治的基本内容，即对权利的认可和保障，从政治的角度来思考时，就可能形成法治下的权利认同与法治建设的政治动员方式之间的悖谬关系。

（三）权利认同与动员方式的悖谬

保障权利既是法治的实质性内容，也是作为法治的根本保障目标。法治中国建设的政治动员，在方式上却是通过忽略和压抑个体性权利进行的，其有效性、效率性的取得也在很大程度上以此为前提。这注定了在法治中国建设的过程中，权利认同与政治动员之间的关系必然会以一种悖谬的方式被呈现出来。法治认同在形式上是对法治方式的认同，从法律上看，法治认同在实质上是对权利的认同，无论如何理解，权利首先指的是个体性的权利，个体的主体性是支撑权利的支点。法治中国建设的政治动员，虽然存在着执政党内部的动员，但这种动员首先是一种执政党整体针对社会公众这一动员对象的群体性动员。法治中内在地包含着对于个体权利正当性的承认和法律化的保障，而法治中国建设的政治动员方式则可能将个体权利掩盖在群体性的动员之中：以制度涵盖权利，恰恰是政治动员意识起作用的表征。长期过度的政治动员模式并不是以个体公民权利的实现和保护为基础发展起来的，而是多强调整体利益的实现。

第六章　法治中国建设动员的激励保障

　　现代国家与社会治理所涉及的根本问题，是在一个分化的社会中将多元主体有效整合在一起，从而实现集体行动在根本方面一致性的问题。作为一种治理方式的政治动员，无非就是动员主导者依据主体权威，吸引动员对象参与，利用各种动员方式手段，设定动员议题凝聚共识，最终达到集体行动一致性的目的。通常，动员主导者在发动政治动员之前即会确定在认同与聚合层面所预期的目标，围绕着这一目标，各种政治动员手段均被利用起来。而动员效果主要就是指动员目标的实现程度，也就是确定动员目标是否实现，以及在何种程度和范围内得到了实现。

　　对于法治建设动员效果的评价而言，首先，是行动一致，即评判动员效果的主要依据，是看包括动员主导者与动员对象在内的所有社会成员是否依据法律实现了行动一致。由于"政治—法治"关系不能单纯地化约为"政策—效果"关系，因此，不能用"政策—效果"模式来衡量动员的效果。"政策—效果"属于单向思维，而政治与法治的关系至少还要经过制度的建构与行为选择的过程，因而存在着一种回应、反馈机制或互动关系。政治推动法治，法治改变人（意识、制度、行为、程序），在这个逻辑过程中，法治与政治交织在一起，相互影响与塑造。这是一个"意识—机制—行动"的逻辑,动员主导者对法治的政治动员只有在事实上形成一个递进的"意识—机制—行动"逻辑才是有效果的。因此,要用"意识—机制—行动"的模式来衡量。其次,理论预设与实际效果之间存在张力,法治的理念供给与制度供给之间存在着差距,只有提供相应的制度机制,化解"组织—制度"的锁入效应,提供政治上的"激励—约束"平衡机制,才能实现法治的政治动员目标。最后,法治的运行需要社会资本的支撑,欲通过法治实现国家与社会治理的现代化,就必须扩大社会赋权,促进以法治主导的正式规则与非正式规则相互配合的公共治理多样化,才能有效应对法治建设与政治动员之间的矛盾性共生关系。

第一节 "意识—机制—行动"的理论逻辑

法治是一个涵括了话语理念、制度设计与行为方式的复杂体系和实践过程。法治与执政党的执政资源建设有着莫大的关系,但执政党的执政目标绝不是仅仅关注执政资源建设,而是指向了一种通过观念塑造、制度建构来改变人(特别是政府)的行为的逻辑。从话语与权力的关系来看,法治在重演着理念、制度与行为实践的逻辑。正如福柯(Michel Foucault)从社会的角度来建构话语与权力的关系,从社会性和建构性而非单纯的语言结构来理解话语,"认为话语不仅能够反映实践,而且对社会实践有着建构作用:它建构着话语的主体身份,建构着人与人之间的关系,同时建构社会意识形态。一言以蔽之,话语即权力"[①]。从话语的社会性与实践性来看,政治认同首先是在政治上建构法治的话语,通过法治话语传递意识形态性的法治观

---

① 周海燕:《话语即权力——大生产运动典型报道中的"新闻生产—政治动员"》,《新闻与传播研究》2012 年第 3 期。

念，并主要通过国家的法治制度建构及其运作，改变普通公众与政治动员主导者和国家的行为方式。这个逻辑也是法治社会化的逻辑，即通过法治话语的建构，改变法治中国建设的政治动员主导者与对象之间进行议题建构的质料和形式，从而对动员效果产生实质性的影响。

一　法治的观念塑造

法治观念的塑造从法治话语和法治意识开始。在全社会塑造法治观念是一个长期的任务，这个任务的启动始于从政治上确立法治话语的正当性，并进而进行社会传播，使法治成为社会的共识，同时将法治所内含的权利观念向社会释放。从具体方式来看，法治观念的塑造是通过否定负面合法性话语和确定法治的正面含义达到的。

（一）负面合法性话语的运用

从否定的意义上来看，法治话语的确立是一个曲折的过程，这个过程中包含着法治合法性的负面探索。在中华人民共和国的历史上，人治、法制都曾经作为政治上正当的话语得到过使用。确立了法治话语，就意味着对曾经具有正当性的话语的否定，即带有一种自我否定的性质。所以，对于法治话语的意义究竟所指为何，就可以从法治所反对和取代的话语来理解。人治和法制就是法治所否定的两个主要话语。

首先，法治所反对的是人治。要确立法治的正当性，就要在话语上剥夺人治的正当性。如果把人治理解为国家与社会治理都有人的因素，都离不开人，那么就无法在理论和话语上彻底否定人治。因此，法治话语主要从其他的层面来否定人治：一是人治的实质被理解为不受制约的权治，人治实质上是权力之治，在人治中，法律处于权力工具的地位，在法大还是权大的问题上，人治实质上崇尚的是权力至上；二是人治在治理方式上代表着随意性，人治的不受制约性导致政府行为的不可预见性,不能为民众提供合理的行为期待;三是人治在结果上必然最终导致专制,由于权力至上,不受制约,专制就成了人治的必然结果。

其次,如果法治要在法制的基础上进一步发展,就必须超越法制,这主要体现在:一是法制是静态的,不能有效地、动态地治理国家与社会;二是法制只是制度层面的,其背后的理念是强制,缺乏民主等理念价值和行为塑造的意义。

显然,从负面合法性话语的运用目的来看,作为一种话语,法治不但会吸收人治和法制中的合理因素,还会超越两种话语而表达更深刻的意蕴。

(二) 正面法治话语的确立

从肯定的意义上说,塑造法治观念要求所有主体在认识上对于法治的中国含义建立起一种基本的共同理解。在话语构建上,作为反对人治与取代法制的概念,法治至少被赋予了政治、价值、制度、行为等多个层面的意义:首先,在政治上,法治被表述为执政党领导进行国家与社会治理的战略,是治国理政的基本方式;其次,在价值上,法治代表着正当的、合法的评判理念和理想追求,是国家与社会处于法治状态的一种美好图景;再次,在制度层面上,法治具有动态的适应性特征,是法律在立法、执法、适用、遵守、监督等运行的各个阶段的全面制度化和规范化;最后,在行为上,法治意味着执政党、政府、社会、个人等均以法律作为基本规范依据和行为依据,并以法律作为判断和评价行为的基本依据,从而要求所有的主体在法律上一体遵行。

在法治话语传播的过程中,能够对一般公众产生影响的,主要不是具体的法律规定或作为一个整体出现的法律制度,而更多的是一般的法治观念,从而也会导致公众易用一般的法治观念来看待和评判与法律有关的现象,并以法治作为正当性话语使用。中国的法治话语的传播与权利话语的传播是同步的,因此,当法治被正当化的同时,权利观念也在正当化。不过,权利观念的扩张与义务观念的扩张不是同步的,在权利观念扩张的同时,义务观念并没有得到相应的对等扩张。这一方面是因为权利的内在欲望性因素比义务更容易为民众所接受;另一方面也与以前的低权利高义务的整体性配置导致权利被压抑有关。对于政府而言,由于权利话语更多地起到一种限制性的作用,所以政府在这种权利启蒙中也在进行着以限制权力为导向的转换。但是,权利观念在释放和正当化人的欲望时被过度扩张,权利与义务对等的理念未能在法治的框架中得到适当的平衡,甚至出现了公民的权利滥用和政府的非法治性妥协并存的状况。这种状况的改善,只有通过法律制度的建构和法治实践才能完成。

二 法治的制度建构

在观念上认同法治,与信任法治制度并不一定是同步的。对法治的信任,要求社会主体信任法治制度,并实现国家与社会制度的全面法治化。对法治制度的设计,实际上比形成法治的观念认同还要困难得多。

(一) 法治的制度信任

之所以需要信任法治制度,并不是因为法治可以解决国家与社会治理过程中所产生的所有问题,而是因为在解决某些重大问题方面,法治制度有着其他治理方式,特别是人治所不具备的一些优越性。从制度的角度来看,国家本身就是一种制度建构,但推动国家运转的各种制度在实质上是有优劣之别的。在制度的层面,人治与法治最大的区别即在于制度的生成、运行与改变的依据。人治实际上是把个人的意志置于制度之上,法治则是将所有人的行为均纳入法律的制度框架中予以规范。改革开放以来法制道路的开启，就是因为领导人深刻意识到了制度的作用。邓小平同志看到了制度建构的重要性，并提出要通过改革体制，建立相应的制度，以避免一些受"封建主义"影响的制度和现象重复出现："现在我们要认真建立社会主义的民主制度和社会主义法制。只有这样，才能解决问题。"① 个人迷信、家长制、家长作风、干部职务终身制等，这些现象都可以被容纳在人治的概念框架中。邓小平同志的伟大之处在于，他提出了通过社会主义民主制度与法制建设来避免上述现象重复出现的重大议题，并进行了重要的尝试。

从法治的视角来看，无论中国古代的制度设计多么成功，这些制度都带有根本的人治特征，也就是说，所有的政治制度设计都是围绕着个人的人际关系展开的。从信任的角度来看，这就必然会导致制度在设计上的个人信任导向。个人迷信与家长制和家长作风是两种相反的形式，但在根本上是因为具象的、以个人为中心的人际信任，是依据与某个特定个体的熟悉程度来进行安排的，更能体现个体的情感远近，体现人情色彩；但与此相关的负面效应，如对个人的无自身主体性的认同、带有人情色彩的家长专制等，也会成为制度性的难题。"个人信任是由熟悉程度所支配的，制度信任是由法律和宪法规范所控制的。与人际关系不一样，对一个市场或政体的参与更多地取决于我们对制度的信心，而不是我们对其他参与者的信任。"② 对法治的信任显然不同于对个人的信任。人治下的制度信任在根本上是对人的信任，实质上是主体对自身的信任而非对其他参与者的信任，法治则是对人的不信任。因此，在对人性的洞见上，

---

① 《邓小平文选》第 2 卷，人民出版社 1994 年版，第 348 页。
② [美] A. J. 达米科、M. M. 康韦、S. B. 达米科：《政治信任与不信任的模式：民主政治中的公民生活》，张巍译，《国外理论动态》2012 年第 10 期。

人治更强调人性善的一面，主体对自我处于一种不设防的状态；法治则对人性持一种普遍的怀疑态度，在制度设计上首先将人当作不可信任者对待，从而设计出防止人作恶的制度。这种预防手段，就是将对人的控制置于宪法与法律之下。同时，这种预防手段也具有一种保护作用，因为法治制度在预防他人的同时，实际上却创造出了一种对所有人一视同仁的制度性平等，从而也保护了所有生活在法治下的社会主体。

（二）制度化的法治

"制度化是组织和程序获得价值观和稳定性的过程。"① 这意味着，在制度化的过程中，制度可以赋予组织价值认同从而提高组织的意识凝聚力。组织首先是一种人的组合，联结组织成员内部关系的主观因素主要是价值认同，否则组织就只能成为松散的联结体。由于制度本身就凝结着价值共识，因此，制度化对于组织获得价值观就有着天然的作用。国家首先是一个政治组织，作为政治组织的国家是解释、影响决定制度的一个基本要素，甚至可能成为决定制度变迁的一个关键力量。同时，在制度化的过程中，制度可以赋予程序稳定性，从而建立起程序适用者的期待可能性。就对人的行为预期来说，制度化由于将程序进行了一定的稳定性处理，提高了主体的预测可能性，从而有利于以制度为核心的秩序的形成。不过，制度化也有可能会形成制度惰性，从而成为变革的阻力。

制度化其实就是规范化。惯例同样可以形成制度，因此惯例化也是规范化。不过，建立法治制度既不是将已有的惯例法律化，更不是凭空地创造各种制度，而是在更大程度上将原有的制度进行法治化的改造。法治的制度化能力究竟有多大？由于法律天然具有强制力，一

---

① ［美］塞缪尔·P.亨廷顿：《变化社会中的政治秩序》，王冠华、刘为等译，沈宗美校，上海人民出版社2008年版，第10页。

旦制度被法治化，那也就意味着违反制度可能遭受制裁的严厉化。但法治塑造制度从而将其法治化的目的，不是让制度变得更加严厉或更具有强制性，而是让法律本身具有权威，成为制度维持和运转的基础，使制度成为所有主体共同遵守的行为规范体。在此意义上，制度的法治化实际上首先并不意味着制度的正义，而是制度的规范作用，意味着制度秩序的建立和维持。

三　法治的行为选择

在"政法"传统中，塑造什么样的法治人，就是塑造什么样的政治人。但在法治的传统中，塑造法治人并不是首先塑造其思想和政治倾向，而是塑造一般社会生活中的行为模式，并让这种行为模式成为政治行为的基本模式。在此意义上，法治教育其实是一种公民教育，是通过法治来对公民进行教化，并通过这种行为模式方面的公民教育，发挥法治的社会教化与行为规制作用。

（一）法治的社会教化

作为政治的一部分，在国家与社会的整体层面上进行法治建设，也就是进行法治的社会化。在通过政治动员进行法治建设的过程中，法治的社会化本身是政治社会化的一部分，从个体的角度来看，主动学习与被动接受社会教化构成了其政治社会化的过程。所谓的政治社会化过程，是两种相向运动的过程，一种是个体主动融入社会，一种是社会主动教化个体。首先，个体主动融入，"即个人通过学习和接受教育，了解政治信息，获得政治知识，产生政治情感和态度，从而形成政治人格，成为政治人的过程，在此过程中形成的政治价值观影响和决定着他们的政治态度和政治取向。其次，从社会方面讲，政治社会化又是社会通过各种途径，采取多种方式传播政治文化，使其成员接受特定的政治信息、政治观念和政治行为规范，教育、塑造其成员成为社会所希望的政治人的过程"①。由于个体学习具有更多的自主意识和自我选择的色彩,因此,从国家治理层面推进的政治社会化也就更多地具有社会教化的色彩。

法治的社会教化,在手段上主要借助于法治意识的社会传播。在国家所支配的社会范围内,由国家这一政治组织来传播意识形态,是一种最经济的观念塑造方式。当法治被纳入意识形态后,尽管传播最有效的方式是行为教化而不是意识形态宣教,但法治的意识形态宣教却是必不可少的。这是因为,当前中国正处于推进政治改革与民主化进程的社会转型过程,由于现代化进程的快速推进,这个社会累积了大量的社会结构性怨恨,属于强怨恨社会。中国共产党在前法治社会的政治动员,在过分强调阶级性的时期,通过阶级压迫的意识传播,在累积了社会怨恨的同时,大众的各种怨恨透过阶级怨恨还是在一定程度上得到了释放。而在处于社会转型时期的强怨恨社会,释放怨恨是不能再通过阶级斗争的形式进行的。宣传法治,宣传法治的意识形态,在合作的背景下需要通过价值层上的宽容和治理层上的共识克制怨恨:"依靠宽容在价值层上克制了怨恨的发生根源之后,需要在治理层上寻求各种途径达成共识,这不仅是遏制怨恨表达和报复行为的要求,也是社会成员顺利交往的预设结构。"② 达成社会共识的目的是顺畅社会成员的交往渠道,形成法治框架支配下的交往结构。一个阶层固化的弱流动性社会结构,往往不能有效地释放和削弱不同阶层间的怨恨。在这种情况下,畅通社会成员之间的交往渠道,就是非常必要的,从制度建构的角度来看,此时"要为民间社会提供更多疏通

---

① 马润凡:《1947—1949 解放区土地改革的政治社会学分析》,《党史研究与教学》2005 年第 2 期。
② 王海洲:《想象的报复:西方政治学视野中的"怨恨"》,《南京大学学报》(哲学·人文科学·社会科学) 2007 年第 6 期。

怨恨和利益表达的渠道，提供更多的机会平等以弥补事实不平等的差距，在弱化阶层隔阂的同时促进阶层间的流动性，广泛建立民间怨恨主客体间的对话机制"①。从国家与社会治理的角度来看，国家除了尊重和鼓励、优化民间已有的怨恨疏解机制外，还要建构能够弥补民间机制不足的权威性国家怨恨治理机制。建立这种机制的目的，除了疏解怨恨外，还包括对大众进行社会教化的内容。在此意义上，国家的治理任务是多重的，既包括怨恨疏解机制建设，也包括怨恨疏导能力建设，还包括正确认识怨恨的理念建设和意识培养。显然，这些不同的国家建设任务都旨在为社会提供应对怨恨的有效方案。

（二）法治的行为规制

法治的社会教化，在目的上虽然是要一切社会主体具备法治意识从而形成法治共识，但最根本的目标应该是塑造按照法治行为的政治人。这样的政治人在人格上应当具有法治人格，在行为方式上应该是法治取向的。在基本精神内容的解释上，法治精神在宏观的层面对于党的领导和政府的权威具有正当化和合法化的作用，并且因为政治正确而无法形成对执政党和政府的道德正当性压力。但是，对于具体的执政党与国家行为，法治精神作为基本的评判标准，则可能会因为个别的违法行为而形成对执政党与政府权威的削弱。在此情形下，执政党与政府依法治精神、原则进行事后的纠错等，将会比先前的个别违法行为更重要，因为这恰好表明了法治的平等性。法治的真正精神不在于法治理念的普遍传播，而在于法治的行为规制成为一切社会主体的行为准则。法治在实质上是一种生活方式，在最低限度上，是一种所有社会成员均以法律作为底线，依据法律调整各种关系的状态。由于法律在根本上是一种调整人的行为的社会规范，所以，对法治建设

---

① 王海洲：《想象的报复：西方政治学视野中的"怨恨"》，《南京大学学报》（哲学·人文科学·社会科学）2007年第6期。

进行政治动员的基本目标,仍然是让所有的社会成员能够共同依据法律而行为。在此意义上,如果说实现执政党与民众之间的相互动员首先要实现民众的动员主导者性,也就是形成两者之间的相互主体性,那么,在法治之下的相互动员模式中,执政党的行为方式将会发生根本性的变化:"第一,党推行的社会变革主张,党的意志主要以国家法律的方式向公众表达,通过国家强制力量而不是通过党的组织力量对公众进行约束。第二,党的政治主张与社会变革方案通过党的成员通过合法程序进入国家政权机关以政府公职的身份加以实施,不直接以党的身份治理社会。第三,党的领导机构不再行使社会管理的具体行政事务……党的领导机构'集中力量抓大事',搞好社会调查、做好政治决策、管好党内事务,党的直接活动空间相对缩小。"①

法治之所以是值得追求的,是因为在法治之下一切社会主体的行为在规范的层面上都可以用平等的法律进行评价,都可以法律为指针和标准进行规范。那么,法治在制度的层面上又是如何能够让官方和民众有足够的动力和压力去选择法治的行为方式而不是其他方式呢?其实,在具体手段上,法治不外乎就是激励与惩罚,问题的关键是建立起何种平衡、有效的激励与惩罚机制,使一切社会主体都会倾向于选择法治的行为方式。中国的法治在推进的过程中主要运用了政治动员的手段,因此,法治机制对于行为人的法治行为选择究竟发挥了什么样的作用,就可以通过法治建设的政治动员手段来进行进一步的考察。从而,法治中国建设的政治动员,同法治所要求的行为共识与行为法治化之间所可能产生的一些问题,特别是法治的政治动员内在所隐含的一些悖论性问题,也就可以得到进一步的揭示。

---

① 周育平、张录平:《从动员到沟通:社会变革中党活动方式的变迁分析》,《云南行政学院学报》2010年第2期。

第二节　理念供给与制度激励

从主观的角度来看，动员效果如何取决于动员对象对于动员主导者的认同。然而，即便动员对象能够在法治理想、价值观念上对动员主导者予以认可，这种相当主观的考察也是存在问题的：认可理念不代表会认可对理念的实践，也不代表一个美好的理念会有相应的、可操作的制度供给作支撑。实际上，所有的理念供给与制度供给之间总是存在差距的，理念的实现总需要有相应的制度机制。在当代中国的法治建设政治动员中，我们要弄清究竟需要什么样的法治价值观念供给，以及注意制度供给的内在机制及动员负效问题，才能明了法治建设政治动员的政治激励与约束机制。

一　法治的价值观念供给

认识的误区源于错误的问题导向。"一种扩张法治理念的趋向是，将一切可欲的政府体制的特质，尤其是因官方介入所保护的个体自由与权利全部囊括进来。"[①] 在法治所能提供的价值问题上，人们赋予了它太多的期待，让它承载了太多的价值重负。人们往往混淆了两个问题：法治能够供给什么样的价值观念和人们希望法治供给什么样的价值观念？因此，除了我们赋予法治的价值理念外，人们更应该问这样的问题：法治究竟能够给我们提供什么价值理念？

（一）法治不能承载的价值重负

自从认可了法治这个理念之后，人们就倾向于将一切美好的价值期待都赋予法治，自由、平等、秩序、人权、民主、效率、利益、公

---

① Robert E. Goodin, *A Companion to Contemporary Political Philosophy*, Philip Pettet and Thomas Pagge, 2nd Edition, Volume 1., Ma: Blackwell Publishing Ltd, 2007, p. 494.

平、正义……好像法治可以承载一切价值一样。① 法治有能力承载那么多的价值期盼吗？从公共治理的角度来看，法治不过是一种利用法律规则来实现所有社会主体都能够参与国家与社会治理的价值与制度体系，况且法治承载的各种价值本来就是一个矛盾体，哪里有足够的能力来承载人们所有的价值期盼？

将一切价值重负都压在法治身上，一方面体现了人们对于美好价值理念的企盼和向善的意愿；另一方面则显示了社会对于这些价值需求在满足能力上的不足。法治是政治的一部分，将众多价值堆积在法治身上，既说明人们实际上赋予了政治太多的期待，也从一个侧面体现出政治在价值理念供给能力上存在一定的缺陷。人们过高地估计了政治的价值理念供给和实现能力。基于这种考虑，我们可以从另外一个方向将法治的价值供给问题提出来：法治的价值理念供给不取决于人们赋予法治多少价值期待，而是取决于法治本身能够提供什么价值理念。

（二）法治能够提供什么

从国家与社会治理的角度看，法治虽然对一个国家与社会的运转产生了决定性的影响，但就自身能力而言，法治能够提供的价值理念其实非常少。德国法哲学大师考夫曼（Henry Kaufman）将法的理念归结为正义、合目的性与法律安定性。② 这三个理念与自然法学、目的法学与规范法学的理念有关。不考虑学派，而仅从法治是以法律为基础的国家与社会治理模式出发，则可以说，法治能够提供的是规范、权威、秩序与正义：法治的基础在于有法律可依，法律是社会规范体系，所以法治首先能够提供规范；法治以法律作为评判社会纠纷的最高权威，在一个法治的框架内，法律本身就是最高权威，所以，

---

① 参见陈福胜《当代中国法治观念的价值及培育》，《学术交流》2004 年第 7 期。
② 参见［德］考夫曼《法律哲学》（第二版），刘幸义等译，法律出版社 2011 年版。

法治能够提供权威；法治旨在通过规范调节社会秩序，从而形成法治主导的社会秩序，因此，法治能够提供秩序；法治企图通过法律的手段为人类提供实现正义的途径，所以，法治能够提供正义。

法治能够提供什么价值理念在政治上又取决于什么呢？如果从政治结构的角度来回答，这个问题和另外一个需要人们反思的问题是一样的：人们为什么会将价值期待放在政治上，难道社会就不能在一定程度上提供相应的价值理念并通过社会制度予以实现吗？在此意义上，问题必须被引向这种思维倾向与价值期待究竟是在什么样的政治结构[①]中形成的，不同的政治结构安排在制度供给层面又是如何影响了法治的价值理念供给的？

二　动员负效与制度供给

法治所能提供的理念不会太高贵，况且那也不是法治所能够完成的任务。法治在最低限度上是提供使其承载的基本价值理念得以实现的制度机制。"一般而言，一个具有正常理性的人之所以倾向于选择某种机制来解决自己面临的纠纷，往往不是因为这种机制是在维护着某种崇高的价值或精神，而只是因为这种机制能为他在纠纷解决中以较低的成本换来较高的收益。"[②] 从成本的角度来看，在一个理性人的假设结构中，法治如果能够提供一种从理性人的视角和选择倾向出发，使之在纠纷解决中以较低成本换取较高收益的制度，那么，法治就更能获得动员对象的认同。法治中国建设的政治动员如果能够使法治在制度上实现上述目标，就必须解决动员对象对于动员主导者依赖过度的问题。这就需要探索政治结构中存在的

---

① 在广义上，政治结构实际上反映的是政治与社会的关系结构。
② 廉睿：《由"国家法之治"走向"民间法之维"：民间法在国家治理体系中的应用路径》，《领导科学》2016年第11期。

"组织—制度"的锁入效应,并通过社会的制度化整合解决动员负效问题。

(一)动员负效与"组织—制度"的锁入效应

法治中国建设的政治动员,从所要达到的动员效果上说,是要实现动员对象依动员主导者设定的目标进行政治参与,并最终能够依法行为。但是在实践过程中,动员负效问题是一定会出现的,并通常表现为两种形式:"一是动员方式手段不当导致动员客体被迫参与甚至不参与;二是动员客体过度参与引致政治紊乱、社会失控。"① 从社会的角度来看,动员负效其实主要是指动员导致的社会不稳定问题。动员效果如何,特别是动员负效达到什么程度,往往受制于政治结构。就特定政治结构与社会稳定之间的关系而言,根据组织化与制度化这两个变量的高低组合关系,可得到四种不同的政治结构:(1)组织化程度高、制度化程度高的政治结构;(2)组织化程度高、制度化程度低的政治结构;(3)组织化程度低、制度化程度高的政治结构;(4)组织化程度低、制度化程度低的政治结构。

就政治动员实践中组织化程度同参与程度的关系,即动员对象及其政治参与扩张的速度同政治组织化和制度化的速度高低的组合而言,同样可以得出上述四种不同的关系。依据这四种不同的关系来判断,法治中国建设得以推进的政治结构,在总体上具有组织化程度高、制度化程度低的组合性特点,以及社会成员和政治参与扩张速度高、政治组织化和制度化速度低的特点。而从不同政治结构可能带来的动员效果来看,通常,"社会成员和政治参与扩张的速度偏高,政治组织化和制度化的速度偏低,其结果只能是政治不稳定

---

① 路阳:《国内学术界关于中共政治动员问题的研究综述》,《社会科学管理与评论》2013年第4期。

和无序"①。

这也就是说，动员负效的出现受制于两个结构，一个是参与程度与组织化程度的关系，一个是组织化程度与制度化程度的关系。当这三者纠缠在一起后，就有可能造成动员对象和法治参与扩张的速度过快，而政治组织化程度高、制度化程度低速度慢，从而出现三者之间不同步的状况。法治意味着制度化，这要求现有的政治结构进行制度化转型，提高制度化程度。然而，"大国家"的制度环境，必然会鼓励官僚化的制度。官僚化的制度是低效率的制度，因为官僚化的制度虽然存在很高程度的制度化，但这种制度化无法抵制制度外权力的肆意支配，甚至会将这种肆意本身制度化。例如，法治中国建设的政治动员虽然在组织化程度上高，但在具体的动员方式上灌输有余而实质性参与（是否能够通过参与对结果拥有决定权）不足，重思想教育而轻视技能培养，以运动形式冲击制度，结果就更容易维持一种"组织—制度"的锁入效应："组织和制度的交互作用容易产生某种组织和某种特定的制度共生的'锁入效应'，这种效应往往导致一种或某种低效率制度的自我维系机制。"② 一旦出现了这种情况，对于低效率制度的自我维系机制而言，法治就会显得与该机制格格不入，从而遭到机制自身的抗拒；如果这种机制同时还能够在遭到破坏后进行自我修复，就会更容易产生对法治的排斥现象，从而更不利于国家与社会的现代化转型。

（二）通过法治的社会制度化整合

法治化治理背后的政治逻辑，不但会对社会治理和控制的方式产

---

① ［美］塞缪尔·P. 亨廷顿：《变化社会中的政治秩序》，王冠华、刘为等译，沈宗美校，上海人民出版社2008年版，第148页。

② 刘明越：《从政治动员的角度分析"大跃进"运动失败的原因》，《理论界》2012年第7期。

生影响，还会对社会本身的理解产生作用。从法治的视角来看，维持稳定的社会诉求本身就是一种政治诉求，而这涉及对于"稳定"在社会层面的正确理解。"稳定并不是指社会中不存在政治冲突或社会运动，而是指国家将社会矛盾和冲突纳入制度轨道的能力不断得到提高——这也应当是目前所说的'提高执政能力'的宏旨要义——从而消除发生大规模的、有强烈破坏性的动乱或革命性运动的可能性。"①在法治的视角下，社会冲突或社会运动不但在一定程度上被去异常化，而且被法律化。也就是说，社会冲突或社会运动不再被全面无差异的非法化，而是为国家制度所吸纳。从社会效果来看，将社会冲突或社会运动纳入制度体系，不但使其对社会的破坏性在一定程度上得到国家的承认和容忍，而且会使其成为国家法律所承认和保护的一种抗争方式。社会抗争等社会冲突本来是一种正常的社会现象，但一个运转良好的社会，必须能够提供一种将社会冲突控制在一定范围与程度内的社会机制，不然就可能造成社会的崩溃。

社会冲突对于社会秩序的破坏与社会维持与运转的负面功能，主要不在于社会冲突的组织性程度高低，而在于制度化程度的高低。制度化意味着国家对于社会冲突的合法化，这不但包含了国家对于社会冲突的承认，还意味着对社会冲突进行法律上的规范。在此意义上，社会冲突的制度化，实际上取决于国家将其纳入合法化轨道的程度。将社会冲突予以合法化，并不是将社会冲突当作社会的异质因素予以剔除，因为这是无法剔除的，而是将社会冲突整合进社会系统中，使之成为社会系统运行的一个组成部分。②"在现代民主条件下，制度

---

① 赵鼎新：《社会与政治运动讲义》（第二版），社会科学文献出版社2012年版，第6页。
② 参见唐丰鹤《在经验和规范之间：法律正当性的范式转换》，博士学位论文，华东政法大学，2013年。

化整合由议会整合、官僚制整合、政党整合、减压阀整合四种方式构成。制度化整合是以政治组织自上而下对政治过程进行整合为基础的。"① 政治系统具有对全社会进行整合的力量,以政治动员的方式推进法治,以法治来整合社会,最终通过法治进行社会的制度化整合。因此,对社会冲突的制度化整合,本质上仍然是一种政治整合。这种国家有意识的整合,是一种试图建立长效机制的制度化,带有建构的特征。因此,对社会冲突的制度化整合并不是自发进行的。这也就意味着,以将社会冲突制度化为目的的社会建设,在本质上就仍然表现为政治整合的过程,并且是通过政治过程展开的社会整合。实现国家与社会治理的现代化和理性化,其实内在地包含了社会冲突的制度化整合要求。制度化整合要依赖于政治动员主导者,因此,政治动员主导者的社会整合方式,就会对社会冲突的制度化整合产生重要影响。至少对于中国来说,从治理模式上看,政治动员主导者对社会冲突的制度化整合,就表现为从全能政治时代的运动式管理向法治化治理的转换。

三 动员的政治"激励—约束"机制

要保证法治中国建设政治动员能够有效地进行,并且按照既定的目标和方向前进,最终实现所有社会主体依法行为,就必须要为动员主导者和动员对象提供政治上的"激励—约束"平衡机制。虽然激励机制与约束机制的差别类似于正激励和负激励的差别,不过,激励与约束机制在功能上的界限并不是特别清楚的。例如,考核机制正常应该既包含激励机制也包含约束机制,但无论是哪一种,均可为政策制定的偏好提供激励。

---

① 宋衍涛:《论制度化整合的方式》,《中共天津市委党校学报》2006 年第 4 期。

(一) 法治建设政治动员的政治激励

法治建设政治动员的政治激励，指的是在法治中国建设的政治动员过程中，激发动员主导者与动员对象依照法治行为的政治激励。法治中国建设政治动员的激励当然不限于政治，经济、荣誉感、自我认同感等都可以成为相应的激励手段，不过，在所有的激励当中，受制于特定的政治结构，政治激励对于其他激励手段的延伸性非常大。"换言之，在中国政治激励体制中，包括经济利益在内的奖励是通过政治控制权收益的增大来进行的……而政治控制权的直接分配方式就是官阶和职务的分配。"① 官阶和职务的分配对体制内的主体影响最大，一旦对法治的政治激励最终导向官阶和职务的分配，对法治建设进行政治动员就最易在体制内取得效果。不过，这是就总体上而言的，由于政治权力结构在纵向上体现出明显的上下级关系，并且上级对下级具有根本上的支配力，上级的政策偏好仍然对下级的政策供给和选择产生决定性的影响。例如，在具有上下级关系的政治动员主导者内部，上下级政府之间的这种关系就充分说明了问题。通常，在一个政治权力结构中，上下级关系越明确，这种政治权力结构的集中化色彩就越浓重，集中化色彩越浓重，政策供给和选择的向上化倾向也就越严重。"自上而下的政绩考核制度为下级政府迎合上级政府的政策偏好提供了充分的激励。于是，上级政府的政策偏好就随着这一激励链条而得到贯彻和执行。"②

同样，基于即存的政治结构，以体制内主体为主要激励对象的政治激励，有能力依据政治体系对社会的支配而将激励范围进行扩展。有学者根据动员对象和效力的差异，将非国家机关的组织所进行的社

---

① 王霁霞：《行政法实施效果研究》，博士学位论文，中国政法大学，2008年。
② 吴乐珍：《我国基本公共服务供给中的失衡问题研究》，博士学位论文，浙江大学，2012年。

会动员区分为内部动员与外部动员："前者发生于作为动员主导者的组织内部，组织的领导层以组织的名义向处于非领导层的个人进行社会动员；后者发生于作为动员主导者的组织外部，组织以自身的名义向国家机构、其他组织和个人进行社会动员。"① 内部动员具有一定的强制力，如可利用考评机制，变相强制组织成员接受组织的政治动员；外部动员因为缺乏与外部成员之间的组织系属关系，不具有直接的强制力，外部成员没有必须接受政治动员的义务，所以可利用的激励机制也就只能是不具有直接强制性的舆论宣传等手段。但是，当施加于体制主体的内部动员效果以外部动员效果为主要衡量标准时，受内部动员者就会有更大的政治动力去扩张自己的动员范围，从而将更多的外部成员动员起来。

（二）法治建设政治动员的政治约束

从字面上来理解，法治建设政治动员的政治约束，应该是一个否定性的标准，指的是在法治中国建设的政治动员过程中，动员主导者和动员对象必须依照法治行为的禁止性或义务性制度安排，一旦违反，相关主体就会受到政治上的惩罚。

量化考核或者说指标化考核，是建设政治法治动员的政治约束的一个重要方面。从压力传导方向上看，中国当前的政府政制是一种压力从上向下传导的压力型体制。这种压力既来自于从下向上传导的社会公众，也来自于对其进行"领导"、从外向内传导的执政党。但由于"党—国"型的政治体制，中国的政府体制实质上首先是承受执政党从外向内的压力，其次是把自身的压力在内部从上到下传导。"政府体系中的压力之源是中国共产党。在此体制下，中国共产党的一系列宏图伟愿都被转化成一个个的指标。体制中的任何个体承担的不仅

---

① 邹奕：《规范语境下我国社会动员之要素分析——社会动员机制之理论构建》，《天津行政学院学报》2014 年第 4 期。

仅是职责之重，而是整个系统的压力。完成任务压力，不仅是职责行为，甚至成为体制中的个体保证自身正常生存状态的最低要求。"①这也就意味着，一旦法治成为否定性的考核指标，体制中的个体承担的就不再仅仅是政治压力，还有生存压力。政治压力看起来是约束，但由于在此压力下有获得最重要的官阶和职务的可能性，这种政治压力就更有可能成为政治激励。而生存压力则使个体有义务依法治行为或不为法治的禁止性规定。

　　量化指标应用在法治上，就是所谓的法治指标。这里不评价法治指标的优劣、可行与可靠与否的问题，只是想指出，当法治指标只是在上级考核下级的意义上使用的时候，对法治进行政治动员的效果就可能会大打折扣。法治指标对于受考核的一方有更大的政治约束意义，可以引导其行为方式的转变，从而带动整个国家和社会的公共治理模式转型。从政府的角度来看，"正是由于量化指标是上级政府考核下级政府的主要方式，也是下级政府让上级政府满意的主要手段，行政执法水平的量化指标考核才成为下级政府最为关注的内容"②。不过，对于法治目标的实现来说，在无论何种级别的主体均受法治支配的意义上，法治指标才是真正有效的法治政府评价指标问题。由于不对从外向内的公众压力在体制上直接负责，这样的评价体系能够在多大程度上真正有效地取得法律建设政治动员的效果，就必须要考察这一动员的社会资本问题。

第三节　法治中国建设动员的社会资本

　　通过政治动员的方式来启动和推进的当代中国的法治建设，本身

---

① 马艳朝：《信访违规行为的惩罚问题研究》，博士学位论文，山东大学，2013年。
② 王霁霞：《行政法实施效果研究》，博士学位论文，中国政法大学，2008年。

就说明国家正式制度的供给存在着一定的动力不足。要通过法治实现国家与社会治理的现代化,就需要实现政治的法治化,建构法治化的政治秩序。没有有效的政治控制,就无法维持有效的政治秩序;有了政治控制,也并不一定就能有效维护政治秩序。政治控制与政治秩序的有效关系,不在于政治控制的形式在多大程度上是强制性的,而在于政治控制与政治秩序之间的相宜程度。为了建构稳定的政治秩序,仅仅依靠正式制度来推动国家与社会的正常运转是不现实的,还必须利用社会资本来解决公共资源不足的难题。建构法治型的政治秩序,同样需要引入社会层面的力量来建立政治控制。"然而,政治控制合法化也不是容易达至的,它依赖政治体系的自律,而由于政治体系运行的绝对规律,它的自律是脆弱的,因此,它更需要来自社会的促进与监督。在这方面,作为社会基础的社会资本起到了重要作用。"[1]由于历史的原因,政治资本对社会资本的掠夺严重影响了社会资本对于政治资本支持作用的发挥,通过法治实现国家与社会治理的现代化,需要在成功实现对法治的动员后加大社会赋权,以法治作为正式规则对政治进行约束,发挥非正式制度的积极作用,从而促进公共治理的多样化。

一 政治秩序的社会基础

政治秩序实质上属于社会秩序的一部分,稳定的良好政治秩序的形成,需要稳定的社会基础。[2] 从公共治理的角度来看,运动式管理之所以被采用,与达成特定治理目的的公共资源不足有着密切的关

---

[1] 雷振文:《论政治秩序的运行与维持的社会基础——以社会资本为视角》,《中共浙江省委党校学报》2006年第5期。

[2] 参见黄苏《社会秩序理论:一种政治思想史的考察》,博士学位论文,浙江大学,2014年。

系。社会资本则在补充公共资源不足、促进与监督政治体系方面对于法治建设的政治动员有意义。

（一）公共资源不足的难题

法治中国建设的政治动员现象，实际上已经显示了法治建设的公共资源不足问题。这里所谓的公共资源不足，实际上指的主要是社会资源不足。首先，作为法治基础的法律规范是一种公共资源，这种公共资源的利用率越高，其所带来的社会效益越大，但却无法由社会本身提供。其次，社会即使能够提供规范资源，也无法使解决同一问题的不同规范达到一致性，从而无法进一步提高规范的效益。最后，社会所提供的规范无法保障正义性，以解决问题为导向的社会产出规范是结果导向的，但并不能保证达成这一结果的规范更符合正义的要求。这种公共资源不足的难题可以通过政治资本解决，而在解决问题的方式上，运动式管理常常会得到应用。"运动式治理作为一种治理现象，所关涉的总是行动者在集体行动中寻找一致性的行动方案，以解决公共资源的不足，达成特定的治理目的。"[①] 不过，运动式管理即便能够在政治体系内部通过自身的自律进行规范，也不可能得到长久维持。这种缺乏外在监督的体制，往往容易形成权力的扩张倾向与非法治化运作，而这恰恰是与通过政治动员推进法治建设的初衷相违背的。因此，运动式管理虽然能够弥补公共资源的不足，但同时也存在着反法治运作的危险。

（二）社会资本的补充作用

社会资本是解释集体行动的一个重要理论工具。基于其与集体的密切联系，社会资本就不能是个人意义上的，换句话说，个人虽然可以有"关系资本"，可以利用社会资本，但社会资本概念不能在个体

[①] 黄科：《运动式治理：基于国内研究文献的述评》，《中国行动管理》2013年第10期。

意义上理解。"社会资本首先是一种跨社群的公共物品,且不是公共坏物品。"① 社会资本的公共物品属性,决定了在国家与社会治理转型中,社会资本对于弥补法治建设政治动员可能带来的负面效应所具有的重要作用。

作为社会基础的社会资本具有两个作用,一是补充政治资源的不足,二是促进与监督政治体系的自律。社会资本作用的发挥主要借助其内在的构成要素来实现。"社会资本的要素构成了政治秩序的社会基础的重要内容。所谓政治秩序的社会基础就是指一切有利于政治秩序运行与维持的社会条件,包括价值的、规范的和组织网络的等各种形式。"② 所谓价值条件主要指的是社会信任,社会信任能够有效降低社会沟通成本,促进社会成员之间,包括政治动员主导者内部及政治动员主导者与其他社会成员之间的合作;所谓规范条件指的是除法律之外的其他社会规范,这些社会规范能够为社会成员的合作提供共同行为的规范基础,而这些规范通过道德的、习惯的、宗教的、纪律的等形式,促进社会成员行为规范基础的多元化;所谓组织网络条件指的是社会成员的关系网络,这种关系网络是社会学意义上的,与道德无关,其对政治秩序的作用主要是能够为社会成员之间的合作提供联系基础。

二 社会资本与公共治理社会化

国家与社会治理体系的现代化要求实现法治化,由社会资本补充政治资源不足并对政治体系进行监督的法治动员,则要求在公共治理转型上实现社会化。在此过程中,必须首先面对历史上形成的政治资

---

① 王诗宗:《社会资本:公共物品还是私人物品》,《浙江大学学报》(人文社会科学版) 2003 年第 2 期。

② 雷振文:《论政治秩序的运行与维持的社会基础——以社会资本为视角》,《中共浙江省委党校学报》2006 年第 5 期。

本对社会资本的掠夺状况，并在法治建设的政治动员过程中完成对社会的赋权。

(一) 政治资本对社会资本的掠夺

运动式管理能够进行，首先要具备汲取社会资源的能力，而这种汲取在形式上往往并不符合其所追求的法治要求。在进行法治建设动员时，运动式管理实际上汲取了社会资源，否则就无法将运动式管理推进下去。这种运动式管理的前结构，就是政治资本对于社会资本的掠夺。① 政治资本通过掠夺社会资本壮大了自己的力量，提高了自身的动员能力，但同时也挤压了社会的自治空间，削弱了社会资源的再生能力。一个具有强掠夺性质和能力的政治结构，如果不能建立阻止政治资本掠夺社会资本的机制，最后就会导向政治机制的自我瓦解。从社会机制来看，运动式管理所带来的资源不平衡分配结构，容易积聚社会"怨恨"。一个良好的国家与社会治理机制，必须要具有克制怨恨的强大能力。"在任何意义上，怨恨都是一种导致社会结构不稳定的重要因素。"②

克制怨恨，是法治建设的一个重要目标。法治不能削除怨恨，但可以改变怨恨的表达方式，缓解怨恨行为方式的烈度，改变形成、维持怨恨的社会制度。由于怨恨首先是一种社会心理机制，法治要克制怨恨，就要通过法治话语消解怨恨的政治正当性话语基础，并通过塑造和培养法治意识，来进一步消解怨恨的制度基础和行为基础。建立合理的政治机制虽然可以抑制怨恨，但有效的机制仍然需要在社会领域而非政治领域建立起来。作为一种社会现象，怨恨可以由社会本身

---

① 参见李文钊《政治制度结构、社会资本与公共治理制度选择》，《管理世界》2012年第8期。

② 王海洲：《想象的报复：西方政治学视野中的"怨恨"》，《南京大学学报》（哲学·人文科学·社会科学）2007年第6期。

来消除。这就需要改变政治资本掠夺社会资本的状态，推进公共治理的社会化。公共治理的社会化，需要改变政治资本对国家与社会治理的垄断状态，实现国家与社会治理主体的多元化。而要做到这一点，首先要做的，就是实现政治对社会的赋权。

(二) 后政治动员的社会赋权

法治中国建设的政治动员要取得法治的效果，就必须让动员对象真正成为具有实质性权利的主体。通过向社会赋权，提高动员对象自身的实质主体性，实际上就是在提高社会（含个体）同国家或政党（政治）的议价能力。这种议价能力的提高，体现在法治的框架内，就是处于社会领域的动员对象能够获得法律上承认的权利。因此，法治建设政治动员的效果必须包含的一项检测标准，就是法治建设的政治动员过程中一定要存在对社会的赋权。权利从哪里来？相对于整体的资本，由于受到政治资本的挤压或掠夺而萎缩的社会资本应当来源于政治资本，所以，在整体资本一定的情况下，政治资本的弱化会带来社会资本的加强。

实际上，任何成功的政治动员，都可使动员主导者成为新的权力中心，并加强动员主导者对动员对象的权力渗透与控制。如果法治中国建设的政治动员成了动员主导者通过政治动员对动员对象的一次扩权过程，那么，法治所欲实现的对公共权力的约束目标就可能无法实现。因此，在政治资本与社会资本的这场势力范围之争中，以法治为导向的国家与社会治理现代化，必然要求公共治理的社会化，而这恰恰是以政治资本向社会资本的赋权为前提的。所谓的赋权，其实是政治资本对社会资源汲取能力的一次收缩，社会资源不是更多地被政治资本支配，而是能够留在社会，更多地通过社会的自主支配实现资源利用的最大化。而从目标达成上来看，就社会主体的受益而言，就是政策变动（无论是向左转还是向右转）都能够在遵循法治的前提下，有效提高社会主体的自由度，保障其基本的福利。

三　正式规则下的非正式合作安排

在公共治理的框架中，通过政治资本向社会资本的赋权是法治化的制度性赋权。这是因为，公共治理是一种法治主导的正式规则，是与非正式规则展开合作的体系。正式规则与非正式规则的主要区别在于，正式规则意味着制度化。法治化则意味着正式规则或制度的法律化。正式规则具有稳定性和确定性，通常所谓的法治化不过是赋予正式规则法律效力，使其具备法律上的稳定性和确定性。如果说制度是规则体系，那么法治就是由法律认可的正式规则主导的制度安排。

（一）作为正式规则的法治约束

通过政治资本向社会资本的赋权虽然在本质上是一种资源的转移，但在方式上却应该是制度性赋权。法治就是要将政治动员下的不确定性、不稳定性赋权转化成稳定的制度规则，形成一种由正式规则主导的制度安排。在此所形成的公共治理框架，是以法治作为正式规则的制度约束同非正式制度协调发挥作用的多样性公共治理。在此，作为正式规则体系，法治的主要任务是确定公共权力的行动边界，表现在内容上，就是在对公共权力进行法律赋权的同时，对其进行法律上的约束。[①]"正式规则有界定政党和政府权力的边界、责任和目标的功能，而过于依赖政治动员的后果就是削弱正式规则对社会变革和发展的约束作用，以及对政党权力边界的限制功能，进而使政党制定国家目标不能完全按照社会发展阶段的需要来实现，出现政策脱离正常的发展轨道的现象。"[②] 法治建设的政治动员由于内在地包含了对

[①] 参见叶竹盛《非正式规则与法治：中国难题的挑战》，《法律科学》2013年第3期。
[②] 刘明越：《从政治动员的角度分析"大跃进"运动失败的原因》，《理论界》2012年第7期。

公共权力边界限制功能的削弱作用，因此，在国家与社会治理现代化的公共治理转型中，尽管最终要形成公共权力、市场和社会个体在公共治理框架内的协力作用，但根本的任务还是建立法治对于公共权力的约束机制。而对于公共权力来说，法治的作用是双向的，因为在通过正式的法律规则确定公共权力行使的行动边界的同时，法治降低了权力运行过程的不确定性和风险，无疑对公共权力也具有保护作用。

（二）非正式制度与公共治理多样性

以正式规则的形式对公共权力进行法治约束，实际上是将公共权力置于公共治理的显性空间，让权力在阳光下运行。然而，我们都知道，在人类的社会生活包括政治生活上，除了显性的正式制度外，还存在着大量非正式制度。相对于显性空间，非正式制度存在于公共治理的隐性空间中，发挥着基本的调节功能，确定着公共权力与社会领域、公共权力内部及社会领域内个体之间的行动边界。这种非正式制度主要指的是惯例（惯习），而从公共权力的视角来看，就是政治惯例。相对于道德规范，政治惯例的效力不是来自于价值判断，而是来自于一种历史的、不受道德和理性审查的习俗。不过，两者还是存在着差异："其根本的区别在于，惯例作为来自作为一种自发社会秩序的习俗中生发出来的一种非正式规则，与作为一种人类社会所独有的应然价值判断之结果的道德原则，不但在语句形式上不同，在内容上也有本质的区别。"[1]

公共治理有别于公共管理之处，是公共管理仍然在本质上强调公共权力对于社会的支配关系。政治动员主导者与动员对象有着"主体—客体"的差异，在互动类型上前者对后者具有很大的强制性。受法治支配的公共治理由于破除了单一的中心而形成了多主体性，在动

---

[1] 韦森：《人类的道德禀赋与社会惯例的自发生成——从萨格登的〈权利、合作与福利的经济学〉谈起》，《学术月刊》2008年第6期。

员主导者与动员对象的互动类型上就更多地表现出合作的特征。这种合作关系凸显了动员主导者与动员对象在法治框架中的平等关系，也体现了合作方式的多样化，并且双方在确定共同遵守的行动边界时都能够发挥决定性作用。

结 论

作为法治得以启动、推进与发展的内生动力，法治中国建设的动员理论模型深刻地描述了在此过程中存在的内在紧张。从而为我们认识和理解"政治—法治"的关系提供了一个重要的切入点。从根本上讲，法治是一场政治转型，通过法治所要实现的是一种法理型的政治秩序。中国在社会主义民主政治实践上的努力，最终是要建构起一个真正意义上的善治、正义、包容、秩序的现代法治国家。研究法治中国建设的政治动员，是要在厘清动员结构的基础上，克服法治中国建设主旨以及政治动员实践的二律背反，实现从善法到善政、从善政到善治的超越，让法治真正成为人们生活与工作的一种习惯。

第一节 从工具性法治到价值性法治

相比于法制而言，法治之下的法应当是善法。善法是实现法治的基础，是法治的初级目标。现代意义上的法治还包含着民主的要求，借助法治的途径实现与传统专制相对意义上的民主，即体现了善政的要求。法治的高级目标是善政和善治，只有实现了善政，才能为善治提供权力基础。善治是好的治理过程和状态，是能够为所有个人全面自由发展提供条件和机会的状态。因此，法治虽然也是目标，但只是阶段性的目标，为了实现更高的目标，实现从善法到善政再到善治的跨越，必须得经历从工具性法治到价值性法治的转变。

从善法到善政。法治可以分为工具性法治与价值性法治。工具性法治是执政者将法治作为执政的手段，其本身实际上处于法治之外或法治之上，即在法律的至高地位和至上权威尚未得到社会普遍认同的历史条件下，立法所追求的主要是法律的实用性；而价值性法治是执政者与其他社会成员共同处于法治之下，追求法的价值理性为包括执政者在内的全体成员所一体尊奉。工具性法治旨在通过建构善法并以执政者的努力而达成善政，而价值性法治则旨在实现善治从而为所有人的全面自由发展创造条件。由法律维持的信任就是一种典型的基于制度的信任，法治的程度越高，善治的程度也越高。

善法作为现代法治基本要求中的前提性要素，更多地体现了立法的要求：善法首先意味着法律的体系已经成型，各个部门的法律已经基本成熟，有法可依的问题已经解决；其次意味着法律本身带有良法的性质，符合公序良俗的要求，得到一般公众的道德认同。总而言之，善法必须符合"科学立法"的要求。不过，法治的生命活力在于原本相对"安静"的良法体系又处于一种"动态"的良性运转过程中，成为社会成员的基本规范和生活状态。在法治状态中，执政者的执政活动可以被分解为依照法律运行过程形成的各个法治环节，"严格执法、公正司法、全民守法"实际上是执政活动在法治运行环节的原则要求与具体体现。"党的十八届四中全会决定"将"建设中国特色社会主义法治体系，建设社会主义法治国家"作为总目标，其在表述顺序上将"法治体系"置于"法治国家"之前，已经表明了前者是后者的前置条件。相对于"法治国家"，"法治体系"特别是执政在上述各法治运行环节的要求，仍然更多是在工具性范围内运转，更多地具有形式法治的意义。只有进入了价值性法治的范围，也就是在工具性的法治运转中完全体现出法治的价值内涵，善政才是可能的。

善政包含着道德的要求，善政之下的法律应当是善法。但善政不一定必然存在对于执政者权力的防闲机制，因而善政的建构很可能依赖执政者在道德上的自我约束，还无须完全成为法治的附属。为了实现善政，必须要对执政者形成制度性约束。对于中国当前的执政现状来说，善政首先要求实现执政党权力的法治化，而党规党纪的出现，正是执政党权力在内部实现法治化的一个重要步骤。通常所谓的"党规党纪"是政党规范，可以划分为政党法律规范、政党社会规范和政党内部规范三种形态，既是体制化的权力结构内部的法治化规范，也是防闲机制的最重要手段。执政党所掌握的政治权力，使政治主体进行有效的政治动员并凝聚了有效的政治资源，这个前提使得执政党掌握了推进政治体制改革的基础条件。作为政治改革的突破口和规范基础，法治将会为政治改革的推进保驾护航。全面推进从严治党，正是政党内部进行法治化的一个先行尝试，能为在国家层面上推进政党法治化奠定良好的基础，同时也可以在转型时期的社会发展中起到表率作用。

通过政治动员的方式所展开的法治建设，既受制又受益于权力结构中的人格化要素、社会主义意识形态和政治动员等结构基础和运作方式。这种结构基础和运作方式，既是法治展开的前提条件，也是导致法治与政治动员之间的二律背反的根本原因。法治动员的内在结构，即作为政治动员主导者的政治权威、作为政治动员对象的民众、作为政治动员内容的法治议题建构，和作为政治动员手段的宣传教育、组织控制、利益整合等方式，在根本上都隶属于上述的政治结构。然而，被动员的法治仍然可以改进和完善这一基础和方式，为更好地适应社会与时代的挑战作出一定的贡献。

从善政到善治。一切制度设计的最终指向都是以人为本，实现人的全面发展。实现善政仍然不是法治的终极目标，通过法治实现善政，在最根本的意义上是达到善治。善治可以建构一种强调责任、效率与正义的公共服务体系，而人的现代化与治理的现代化则是建构这种服务体系的根本前提。现代化的目标自改革开放以来愈发明晰。经过30多年的发展，无论执政党还是国家都深刻地意识到了政治制度与政治意识现代化的重要性，在国家转型的关键期适时地规划中国未来发展的现代化方向与具体路径。特别是党的十八届四中全会，更是在顶层设计上确定了法治的地位。"党的十八届四中全会决定"指出，"依法治国，是坚持和发展中国特色社会主义的本质要求和重要保障，是实现国家治理体系和治理能力现代化的必然要求"。根据这一决定，在现代化的目标中，法治成为实现国家治理体系和治理能力现代化的一个必不可少的要素。全面推进依法治国、建立法治体系，旨在促进国家治理体系和治理能力现代化。显然，治理体系现代化不过是治理能力现代化的基础和保障，法治的根本目标，是经由治理体系的现代化最终促进国家治理能力的现代化。

现代化的最终目的是实现人的现代化，人是处于社会中的人，人的现代化的衡量标准，不可能是经济等单纯的物化结构，所以，人的现代化必然是人与人之间关系的现代化。经济关系反映了人与人之间在物质层面的关系。人的精神意识的现代化，除了人的自我意识的发展外，还必然受制于人与人之间关系的影响。政治关系在根本上决定了人与人之间统治与被统治的关系，是人与人之间关系的最主要影响因素，因此，人的现代化实际上主要体现在以政治现代化为代表的全面现代化中。所谓的政治现代化，无非是政治中的人能够建立一种符合现代化要求的关系。所以，法治作为一种治国理政的方式而被人类追求，一个重要的前提条件就是能够在真正实现人的政治现代化的意义上作出贡献，与此同时，作为善治层面的法治，在中国集中地体现为党的领导、人民当家作主与依法治国三者的有机结合。

第二节　从动员法治到自觉法治

法治的终极目标是实现人的现代化，在这样的语境下来思考法治建设的政治动员，其所形成的悖论才有可能被克服。对法治中国建设进行政治动员，是推进中国法治建设一个不得已的选择。在某种意义上，现代意义上的法治概念是被"创造"出来，或者说是被"借鉴"过来的，在这个文明背景之下，政治力量渗透、推动、形成、塑造和改变法治关系的运转，才是推动中国法治变迁的根本力量。而动员的目的恰恰是使法治尽快摆脱"动员"这一"动态过程"，因为在实现了法治的状态下，自觉的法治习惯将会作为一种"静态"的治理模式而取代和超越动员法治。

动员法治的目标规训。法治的目标是实现以包括政治现代化与人的现代化在内的全面现代化，对法治建设进行政治动员必须以实现上述类型的现代化作为导向。政治法治化的根本意义和目的就在于，让个体思维与行为方式法治化，进而落实群体的法治共识，以实现人的政治化。在这样的目标规训下，动员法治才能得到认可。

具体说来，首先，法治的政治动员应该确保让个体形成法治思维。法治思维包含着各种意识层面的要求，它不同于经济思维的投入产出核算，不同于政治思维的政治利害计算，更不同于道德思维的善恶判断，其最核心的内容是依照法律规范行为。也就是说，讲规矩、讲规则是法治思维的最根本要求。其次，对法治的政治动员应该确保让个体行为方式法治化。法治主要是调整、规范人的行为的，因为人的行为关涉人与人之间的交往，也就是说，法治在本质上是调整社会关系的。法治之所以值得期待和追求，是因为通过对人的行为的规训，可以提供对他人行为的期待可能性，以及更高的心理预期。再次，对法治建设进行政治动员应该受限于群体的法治共识。法治通过为社会主体提供共同的行为规范和价值基础，为人与人之间的交往、人与人之间的相互信赖提供认同，从而有效地将人与人之间的关系进行规范与价值凝结，最终形成法治共识。最后，对法治建设进行政治动员应该确保人的政治化，即实现政治的法治化。政治动员的一个重要缺陷就是"不按规矩出牌"，这不利于实现人与人之间在政治上的相互信赖。由于政治在根本上是一种权力分配及由权力支配下的利益分配，一种不能让人合理期待的权力资源分配容易形成政治上的不稳定。实现人的政治化，绝不是将人置于某种绝对的政治支配之下，而是将人塑造和培养成有独立政治意识和政治能力的个体。在此意义上，通过政治动员发动的法治建设，恰恰是以"去政治动员"为目的的。

自觉法治的实践习惯。通过政治动员来改变人的思维模式，达到法治共识，这些意识层面的变化无非是为了改变人的行为。行为是人的实践领域，从法治的角度来看，就是让人走向法治实践。法治实践是一个动态领域，在这个领域中，人的行为最终是将法治内化为人的内在认同意识，形成依法行事的行动自觉。所谓自觉法治，不过是通过政治动员让人自觉践行法治，通过依法行为的反复强化形成行为的习惯，最终形成法治习惯。所以，从动员法治到自觉法治的转变，其实就是将法治由被动的输入转变成自觉的输出。不过，自觉的法治输出过程，需要以被动的法治输入为前提。法治框架中带有强迫性的政治性输出过程，实际上隐含着对于人的法治教化，这种强制性的法治输出恰恰以消灭强制性的法治输出为目的。因此，法治中国建设的政治动员过程，实际上也是民族整体素质提高的过程，是一个伟大的教育事业。这个事业成果的巩固，恰恰是让人们在法治的实践中将法治自觉内化成人们的一种行为本能。

实现国家与社会治理体系的现代化，从法治的角度来看就是实现法治化的公共治理。从发动机制来看，当代中国的法治建设是由政治来推动的，在推动方式上体现为政治动员。在法治的启动和初步推进时，政治动员发挥了巨大的作用，通过政治动员的形式，动员对象在参与和认同中与动员发动者的法治议题展开互动，使法治成为全社会的共同议题。法治的政治动员过程本身也是法治的政治社会化过程，政治动员成了法治社会化的一个主要路径和方式。不过，根据法治的内在要求，随着法治的深入推进，政治动员最终将实现自身的法治化，甚至会逐渐退出法治建设的进程。从运行逻辑来看，法治中国建设的政治动员是通过执政党向国家、社会延伸的外向型动员；从实质内容来看，政治动员涉及政治权力的规范运行与公民权利的保障问题，在根本上是执政党、政府与全体公民的"权利—义务"关系、"权力—权利"关系的重整问题；从目标来看，通过政治动员机制对法治进行的政治动员，实现个人法治、社会法治、政府法治、国家法治的"全面推进依法治国"目标，最终的目的还是要实现人的真正的现代化。

参考文献

一 中文著作

《邓小平文选》第 2 卷，人民出版社 1994 年版。

《习近平谈治国理政》，外文出版社 2014 年版。

《习近平谈治国理政》第 2 卷，外文出版社 2017 年版。

《习近平谈治国理政》第 3 卷，外文出版社 2020 年版。

中共中央宣传部编：《习近平总书记系列重要讲话读本（2016 年版）》，人民出版社 2016 年版。

《党的十八届四中全会〈决定〉学习辅导百问》，学习出版社、人民出版社 2014 年版。

蔡志强：《社会动员论：基于治理现代化的视角》，江苏人民出版社 2015 年版。

程燎原、江山：《法治与政治权威》，清华大学出版社 2001 年版。

高全喜：《论相互承认的法权——〈精神现象学〉研究两篇》，北京大学出版社 2004 年版。

关海庭主编：《20 世纪中国政治发展史论》，人民出版社 2002 年版。

郭于华主编：《仪式与社会变迁》，社会科学文献出版社 2000 年版。

季卫东：《法治秩序的建构》（增补版），商务印书馆 2014 年版。

季卫东：《宪政新论——全球化时代的法与变迁》（第二版），北京大学出版社 2005 年版。

金观涛、刘青峰：《观念史研究：中国现代重要政治术语的形成》，法律出版社 2009 年版。

李步云：《论法治》，社会科学文献出版社 2015 年版。

李汉林：《中国单位社会：议论、思考与研究》，上海世纪出版集团、上海人民出版社 2004 年版。

李汉卿：《中国共产党农村政治动员模式研究：1949—2012》，中央编译出版社 2015 年版。

梁治平：《法治十年观察》，上海人民出版社 2009 年版。

林尚立：《当代中国政治形态研究》，天津人民出版社 2000 年版。

刘小枫：《儒教与民族国家》，华夏出版社 2007 年版。

孟庆涛：《革命·宪法·现代性》，中国政法大学出版社 2012 年版。

彭富春：《论中国的智慧》，人民出版社 2010 年版。

强世功：《法制与治理》，中国政法大学出版社 2003 年版。

施雪华：《政治科学原理》，中山大学出版社 2001 年版。

苏国勋、刘小枫主编：《社会理论的政治分化》，上海三联书店 2005 年版。

汪晖：《去政治化的政治：短 20 世纪的终结与 90 年代》，生活·读书·新知三联书店 2008 年版。

汪晖：《现代中国思想的兴起》上、下卷，生活·读书·新知三联书店 2008 年版。

王海洲：《合法性的争夺——政治记忆的多重刻写》，江苏人民出版社 2008 年版。

王浦劬：《政治学基础》，北京大学出版社 2006 年版。

王人博、程燎原：《法治论》，广西师范大学出版社 2014 年增订版。

王人博等：《中国近代宪政史上的关键词》，法律出版社2009年版。

王旭宽：《政治动员与政治参与》，中央编译出版社2012年版。

徐彬：《前进中的动力——中国共产党政治动员研究（1921—1966）》，新华出版社2007年版。

张灏：《幽暗意识与民主传统》，新星出版社2006年版。

张文喜：《历史唯物主义的政治哲学向度》，江苏人民出版社2008年版。

赵鼎新：《社会与政治运动讲义》（第二版），社会科学文献出版社2012年版。

郑传坤主编：《现代政治学原理》，山西人民出版社2001年版。

二　译著

［澳］安德鲁·文森特：《现代政治意识形态》，袁久红等译，江苏人民出版社2005年版。

［德］恩斯特·卡西尔：《人论》，甘阳译，上海译文出版社2004年版。

［德］哈贝马斯：《在事实与规范之间——关于法律和民主法治国的商谈理论》，童世骏译，生活·读书·新知三联书店2011年版。

［德］黑格尔：《历史哲学》，王造时译，上海人民出版社2001年版。

［德］卡尔·洛维特：《从黑格尔到尼采》，李秋零译，生活·读书·新知三联书店2006年版。

［德］考夫曼：《法律哲学》（第二版），刘幸义等译，法律出版社2011年版。

［德］马克斯·韦伯：《经济与社会》上、下卷，约翰内斯·温克尔曼整理，林荣远译，商务印书馆1997年版。

[德] 马克斯·韦伯:《学术与政治》,冯克利译,生活·读书·新知三联书店 1998 年版。

[俄] 伊·亚·伊林:《法律意识的实质》,徐晓晴译,清华大学出版社 2005 年版。

[法] 保罗·利科:《历史与真理》,姜志辉译,上海译文出版社 2004 年版。

[法] 让－马克·夸克:《合法性与政治》,佟心平、王远飞译,中央编译出版社 2002 年版。

[法] 托克维尔:《旧制度与大革命》,冯棠译,桂裕芳、张芝联校,商务印书馆 1997 年版。

[法] 托克维尔:《论美国的民主》上、下卷,董果良译,商务印书馆 1988 年版。

[美] 丹尼斯·朗:《权力论》,陆震纶、郑明哲译,中国社会科学出版社 2001 年版。

[美] 海登·怀特:《形式的内容:叙事话语与历史再现》,董立河译,文津出版社 2005 年版。

[美] 吉尔伯特·罗兹曼:《中国的现代化》,国家社科基金"比较现代化"课题组译,江苏人民出版社 2003 年版。

[美] 利奥·施特劳斯:《自然权利与历史》,彭刚译,生活·读书·新知三联书店 2003 年版。

[美] 列奥·施特劳斯、约瑟夫·克罗波西:《政治哲学史》(第三版),李洪润等译,法律出版社 2009 年版。

[美] 罗纳德·H. 科斯等:《财产权利与制度变迁:产权学派与新制度学派译文集》,刘守英等译,上海人民出版社 2014 年版。

[美] 萨尔蒙德等:《比较政治学:体系、过程和政策》,曹沛霖译,上海译文出版社 1987 年版。

［美］塞缪尔·P. 亨廷顿：《变化社会中的政治秩序》，王冠华、刘为等译，沈宗美校，上海人民出版社 2008 年版。

［美］斯科特·戈登：《控制国家——从古代雅典到今天的宪政史》，应奇、陈丽微、孟军、李勇译，江苏人民出版社 2005 年版。

［美］詹姆斯·R. 汤森、布兰特利·沃马克：《中国政治》，顾速、董方译，江苏人民出版社 2004 年版。

［意］帕尼比昂科：《政党：组织与权力》，周建勇译，上海人民出版社 2013 年版。

［英］柯林武德著、扬·冯·德·杜森编：《历史的观念》（增补版），何兆武、张文杰、陈新译，北京大学出版社 2010 年版。

三　论文

（一）期刊论文

［美］A. J. 达米科、M. M. 康韦、S. B. 达米科：《政治信任与不信任的模式：民主政治中的公民生活》，张巍译，《国外理论动态》2012 年第 10 期。

［法］路易·阿尔都塞：《意识形态和意识形态国家机器（研究笔记）》，李迅译，《当代电影》1987 年第 3 期。

蔡文成、徐雯君：《动员与整合：群众路线实践的政治过程》，《甘肃理论学刊》2014 年第 4 期。

曹正汉：《地权界定中的法律、习俗与政治力量——对珠江三角洲滩涂纠纷案例的研究》，载张曙光主编《中国制度变迁的案例研究》第六集，中国财政经济出版社 2008 年版。

陈道英：《宪法惯例：法律与政治的结合——兼谈对中国宪法学研究方法的反思》，《法学评论》2011 年第 1 期。

陈发桂：《全面依法治国进程中基层党委依法执政的动力机制研究》，《理论探讨》2015年第5期。

陈国权、徐露辉：《责任政府的法治基础与政治构架》，《江海学刊》2005年第3期。

陈明明：《作为一种政治形态的政党—国家及其对中国国家建设的意义》，《江苏社会科学》2015年第2期。

戴超、李永刚：《女性解放与政治解放的互动——以土地革命时期的农村妇女动员为例》，《中国井冈山干部学院学报》2013年第4期。

邓彦、钟添生：《市场经济条件下的政治动员机制》，《求实》2004年第11期。

丁国强：《法治是不是一副灵丹妙药——读〈法治十年观察〉》，《民主与科学》2010年第5期。

丁岭杰：《保障人民权利：中国共产党群众路线的根本价值》，《中共贵州省委党校学报》2014年第4期。

杜宴林、马亮亮：《法治模式中"合作社"的文化动员》，《当代法学》2007年第4期。

范进学、张明皓：《法治社会化：概念及其功能》，《学术与探索》2000年第3期。

冯丽霞：《大国变革时代的法治共识——在规则约束与实用导向之间》，《环球法律评论》，2019年第2期。

冯仕政：《法治、政治与中国现代化》，《学海》2011年第4期。

冯志峰：《中国政治发展：从运动中的民主到民主中的运动———项对建国以来110次运动式治理的研究报告》，《甘肃理论学刊》2010年第1期。

高永久、张杰：《"族员"与"公民"：少数民族政治社会化的路径研究》，《云南民族大学学报》（哲学社会科学版）2013年第1期。

高勇年、张建智:《浅论法治建设应消除"运动"文化心理——学习董必武"不重视和不遵守法制现象"论断之思考》,载孙琬钟、应勇主编《董必武法学思想研究文集》第七辑,人民法院出版社2008年版。

高照明:《走向法治的政治逻辑——论洛克政治思想的现代性》,《陕西师范大学学报》(哲学社会科学版)2011年第6期。

龚廷泰:《论中国特色社会主义法治理论发展的法治实践动力系统》,《法制与社会发展》2015年第5期。

巩建华、郭万敏:《我国政治权力运行法治化探析》,《前沿》2010年第15期。

关琼严:《中国共产党政治动员的媒介形式变迁》,《新闻研究导刊》2011年第7期。

郭道晖:《中国法治发展的历程与社会动力——纪念82宪法颁布30周年》,《河北法学》2012年第8期。

郭学德:《试论中国的"政府推进型"法治道路及其实践中存在的问题》,《郑州大学学报》(哲学社会科学版)2001年第1期。

郭友旭:《中国法治化的动力》,《云南电大学报》2002年第3期。

韩琦、宋琳:《作为一种国家建设模式的列宁主义——基于政治发展的审视》,《西北农林科技大学学报》(社会科学版)2013年第6期。

韩旭:《法治建设:推进政治建设的切入点和主要载体》,《探索》2008年第6期。

何君安、梁忠民:《论社会资本与政治系统的关系》,《政治学研究》2006年第3期。

何平:《国家建构视角下的妇女解放——妇联的视角》,《山东女子学院学报》2011年第2期。

何平：《婚姻法下乡中的政治动员——侧重于妇联职能的个案考察》，《中共宁波市委学校学报》2009 年第 1 期。

黄兢：《建国初期中国共产党政治动员评析》，《广州社会主义学院学报》2004 年第 4 期。

黄正林：《社会教育与抗日根据地的政治动员——以陕甘宁边区为中心》，《中共党史研究》2006 年第 2 期。

季卫东：《法治意识形态》，《中国社会科学》2015 年第 11 期。

姜明安：《法治中国建设中的法治社会建设》，《北京大学学报》（哲学社会科学版）2015 年第 6 期。

蒋传光：《公民身份与公民参与：法治中国建设的关键要素——以社会组织培育为例》，《浙江社会科学》2017 年第 4 期。

赖诗攀：《国家动员及其效果：以反腐败为例》，《武汉大学学报》（哲学社会科学版）2016 年第 1 期。

李春明：《当代中国的法治社会化：缺失与建构》，《齐鲁学刊》2004 年第 6 期。

李春明：《政治输入与当代中国的政治认同建设》，《当代世界社会主义问题》2008 年第 2 期。

李丹：《从"运动政治"到"法治政治"——新中国成立后我国政治体制转型的路径分析》，《人民论坛》2011 年第 9 期（中）。

李海青：《政治合法性的意识形态维度》，《求实》2005 年第 9 期。

李建兴：《治理视阈下中国共产党政治动员的优化》，《南华大学学报》（社会科学版）2011 年第 5 期。

李锦峰：《中国需要什么样的政治共识》，《学习与探索》2012 年第 5 期。

李俊：《论社会变革中的政治社会化治理机制》，《社会科学》2007 年第 3 期。

李生:《政治文明逐步实现的历程:新中国法治的成长》,《内蒙古民族大学学报》(社会科学版)2005年第4期。

李元书:《政治社会化:涵义、特征、功能》,《政治学研究》1998年第2期。

李征:《简论政治动员》,《河海大学学报》(哲学社会科学版)2004年第6期。

李征:《浅析社会主义市场经济条件下政治动员的原则、策略和方法创新》,《肇庆学院学报》2006年第6期。

李忠杰:《论社会发展的动力与平衡机制》,《中国社会科学》2007年第1期。

林伟京:《〈人民日报〉与抗美援朝战争中的政治动员》,《江西师范大学学报》(社会科学版)2007年第3期。

林伟京:《试析抗美援朝战争中政治动员的内容与方法》,《华南师范大学学报》(社会科学版)2005年第6期。

林伟京:《增强党执政的合法性基础与政治动员》,《湖湘论坛》2011年第5期。

林伟京:《转型时期党的政治动员实效下降的原因分析》,《科学社会主义》2007年第3期。

刘瀚:《民主政治即法治政治简论》,《中国社会科学院研究生院学报》2002年第3期。

刘红凛:《政党社会规范:内涵、形式与价值》,《江汉论坛》2009年第12期。

刘建军:《论社会转型期政治信任的法治基础》,《文史哲》2010年第4期。

刘力锐、张雷:《网络政治动员的消极影响及治理》,《石家庄学院学报》2006年第1期。

刘明越:《从政治动员的角度分析"大跃进"运动失败的原因》,《理论界》2012 年第 7 期。

刘卫东、庄国祥:《试论现代战争条件下的政治动员》,《国防》2006 年第 5 期。

龙太江:《从动员模式到依法治国:共产党执政方式转变的一个视角》,《探索》2003 年第 4 期。

龙太江:《从"对社会动员"到"由社会动员"——危机管理中的动员问题》,《政治与法律》2005 年第 2 期。

娄成武、刘力锐:《论网络政治动员:一种非对称态势》,《政治学研究》2010 年第 2 期。

路阳:《政治动员、群众运动与中国国家建构——毛泽东时代中共政治动员述析》,《中共杭州市委党校学报》2013 年第 2 期。

罗豪才、宋功德:《公域之治的转型——对公共治理与公法互动关系的一种透视》,《中国法学》2005 年第 5 期。

马长山:《法治中国建设的"共建共享"路径与策略》,《中国法学》2016 年第 6 期。

马长山:《"法治中国"建设的问题与出路》,《法制与社会发展》2014 年第 3 期。

马长山:《"全面推进依法治国"需要重建法治价值观》,《国家检察官学院学报》2015 年第 1 期。

马兆明、刘建成:《和谐社会视角下的法治政治研究》,《东岳论丛》2008 年第 6 期。

孟庆涛:《信访逻辑的法治悖论》,《广州大学学报》(社会科学版)2013 年第 11 期。

欧阳景根:《作为制度变革的法治建设模式:一种统摄性法治理论的建构》,《政治学研究》2015 年第 4 期。

裴志军:《论社会资本视角下的政府信用重建》,《理论月刊》2006年第1期。

彭勃、邵春霞:《组织嵌入与功能调适:执政党基层组织研究》,《上海行政学院学报》2012年第2期。

亓同惠:《法治中国背景下的"契约式身份":从理性规制到德性认同》,《法学家》2015年第3期。

齐树洁、熊云辉:《福建法院创建"无讼社区"活动的法理分析》,《甘肃政法学院学报》2014年第1期。

上官酒瑞、程竹汝:《革命党领导下的中国政治特征及其效应》,《中共浙江省委党校学报》2012年第1期。

宋衍涛:《论制度化整合的方式》,《中共天津市委党校学报》2006年第4期。

宋玉波、陈仲:《改革开放以来增强政治认同的路径分析》,《政治学研究》2014年第1期。

宋玉波、陈仲:《公共性:国家治理现代化的根基》,《西南政法大学学报》2015年第4期。

宋玉波、刘永恒:《法治政治与执政党的政治权威》,《浙江工商大学学报》2008年第3期。

唐士其:《论近代政治对法治的考验》,《国际政治研究》2005年第4期。

唐士其:《现代社会的法治:法律与政治的平衡》,《国际政治研究》2007年第1期。

田舒:《从全能主义到后全能主义:政治动员模式的变迁》,《理论界》2013年第4期。

王邦佐、谢岳:《政党推动:中国政治体制改革的演展逻辑》,《政治与法律》2001年第3期。

王海洲：《想象的报复：西方政治学视野中的"怨恨"》，《南京大学学报》（哲学·人文科学·社会科学）2007年第6期。

王海洲：《想象力的捕捉：国家象征认同困境的政治现象学分析》，《政治学研究》2018年第6期。

王俊拴、宋彩梅：《论作为政治符号传播的标语形式》，《东南传播》2012年第8期。

王立峰：《法政治学视域下党内法规和国家法律的衔接与协调》，《吉林大学学报》（社会科学版）2019年第3期。

王萌：《政治动员模型在我国运行的条件性和效用分析》，《社科纵横》2010年第2期。

王诗宗：《社会资本：公共物品还是私人物品》，《浙江大学学报》（人文社会科学版）2003年第2期。

王锡锌：《公众参与和中国法治变革的动力模式》，《法学家》2008年第6期。

王学俭、高璐佳：《现代社会动员理论与马克思主义大众化策略》，《兰州大学学报》（社会科学版）2010年第2期。

王志远：《法治与政治稳定——中国经验的定量分析：1996—2010》，《法制与社会发展》2013年第2期。

王志远：《国家结构、竞争政治与法治——基于1996—2009年间数据的分析研究》，《法学家》2014年第2期。

韦森：《人类的道德禀赋与社会惯例的自发生成——从萨格登的〈权利、合作与福利的经济学〉谈起》，《学术月刊》2008年第6期。

夏锦文：《当代中国法律革命的动力》，《法学评论》2001年第2期。

夏利阳：《法治政府的实践理性与评价体系》，《浙江学刊》2013年第6期。

徐邦友：《法治社会化：概念、内容与路径》，《观察与思考》2015年第 1 期。

徐彬：《抗战时期中国共产党政治动员论析》，《党史研究与教学》2007 年第 5 期。

徐彬：《论政治动员》，《中国福建省委党校学报》2005 年第 1 期。

徐亚文、刘菲：《论民主政治程序化的理论基础——对政治稳定、法治秩序与程序建设的理性思考》，《政治与法律》2004 年第 2 期。

杨建中：《政治动员：中国共产党的政治优势》，《中共山西省委党校学报》2003 年第 2 期。

杨炼：《论依法治国动力机制的嬗变》，《长白学刊》2015 年第 1 期。

姚建宗：《法治中国建设的一种实践思路阐释》，《当代世界与社会主义》2014 年第 5 期。

于建嵘：《共治权威与法治权威——中国政治发展的问题和出路》，《当代世界社会主义问题》2008 年第 4 期。

喻中：《政治惯例：成文宪法之外的政治习惯法》，《政治与法律》2009 年第 11 期。

喻中：《作为政治的法治：社会主义法治理念的政治解释》，《烟台大学学报》（哲学社会科学版）2012 年第 3 期。

张广生：《历史意识与国际感：现代中国自我身份的认知》，《中国人民大学学报》2005 年第 5 期。

张健：《政党下乡与村干部政治录用》，《武汉理工大学学报》（社会科学版）2011 年第 6 期。

张雷、刘曙光：《论网络政治动员》，《东北大学学报》（社会科学版）2008 年第 2 期。

张平、韩建美：《20 世纪 90 年代以来国内政治动员问题研究述评》，《燕山大学学报》（哲学社会科学版）2007 年第 3 期。

张文显：《法治中国建设的前沿问题》，《中共中央党校学报》2014 年第 5 期。

张文显:《全面推进法制改革,加快法治中国建设——十八届三中全会精神的法学解读》,《法制与社会发展》2014 年第 1 期。

张文显:《制定法治中国建设规划的方法论原则》,《法制与社会发展》2019 年第 3 期。

张义清:《宪法泛政治化的归缪逻辑与历史反思》,《当代法学》2006 年第 6 期。

赵光侠:《阶层分化过程中执政党社会整合的科学定位》,《求实》2006 年第 9 期。

赵智、王兆良:《从"运动"到"活动":中国共产党政治动员模式的新范式》,《山东社会科学》2012 年第 6 期。

周海燕:《话语即权力——大生产运动典型报道中的"新闻生产—政治动员"》,《新闻与传播研究》2012 年第 3 期。

周利生:《论早期马克思主义者的农民政治动员思想》,《江西师范大学学报》(哲学社会科学版)2014 年第 6 期。

周尚君:《地方法治实验的动力机制与制度前景》,《中国法学》2014 年第 2 期。

周永坤:《意识形态的终结和法治理想的追求——奥克肖特政治哲学思想探微》,《齐齐哈尔大学学报》(哲学社会科学版)2012 年第 2 期。

周育平、张录平:《从动员到沟通:社会变革中党活动方式的变迁分析》,《云南行政学院学报》2010 年第 2 期。

(二) 学位论文

董宝训:《当代中国政治文化研究(1949—1978)》,博士学位论文,山东大学,2009 年。

韩承鹏：《标语与口号：一种动员模式的考察》，博士学位论文，复旦大学，2007年。

赖波军：《F高级法院：司法运作与国家治理的嬗变》，博士学位论文，四川大学，2006年。

孙远东：《政治动员与政策过程》，博士学位论文，苏州大学，2008年。

王霁霞：《行政法实施效果研究》，博士学位论文，中国政法大学，2008年。

王人博：《中国近代宪政思潮研究》，博士学位论文，中国政法大学，2001年。

吴开松：《当代中国危机动员研究》，博士学位论文，华中师范大学，2006年。

吴乐珍：《我国基本公共服务供给中的失衡问题研究》，博士学位论文，浙江大学，2012年。

姚锐敏：《"行政下乡"与依法行政研究》，博士学位论文，华中师范大学，2008年。

叶笑云：《平衡视阈下的当代中国信访制度研究》，博士学位论文，复旦大学，2008年。

章伟：《预算、权力与民主：美国预算史中的权力结构变迁》，博士学位论文，复旦大学，2005年。

四 外文著作

（一）外文专著

A Companion to Contemporary Political Philosophy, Edited by Robert E. Goodin, Philip Pettet and Thomas Pagge, 2nd Edition, Volume 1, MA：

Blackwell Publishing Ltd, 2007.

Albert R. Roberts, *Crisis Management and Brief Treatment: Theory, Technique, and Applications*, Chicago: Nelson Hall Publishers, 1996.

Anthony Giddens, *Modernity and Self-Identity*, Cambridge: Polity Press, 1991.

Birgitta Nedelmann, *Individual and Parties-Changes in Processes of Political Mobilization*, Oxford: Oxford University Press, 1987.

David Miller, *Political Philosophy: A very short Introduction*, Oxford: Oxford University Press, 2003.

Lucian W. Pye, *Aspect of Political Development*, Boston: Little, Brown and Company, 1966.

Richard Bellamy and Andrew Mason, *Political Concepts*, Manchester University Press, 2003.

Samuel P. Huntington, *Political Science*, New York: Prentice-Hall Inc, 1997.

The blackwell Guide to Social and Political Philosophy, Edited by Robert L. Simon, Massachusetts and Oxford: Blackwell Publishers Inc. and Blackwell Publishers Ltd, 2002.

(二) 外文论文

Ansell, Chris, R. Maxwell and D. Sicurelli, "PROTESTING FOOD: NGOs AND POLITICAL MOBILIZATION IN EUROPE", *Whats the Beef*, 2006.

Bond, R. M., et al., "A 61 – million-person experiment in social influence and political mobilization", *Nature*, Vol. 489, No. 7415, 2012.

Brian Ray, "Policentrism, Political Mobilization and the Promise of Socioeconomic Rights", *Stanford Journal of International Law*, Vol. 45, No. 1, 2009.

Busch, et al., "Geography, International Trade, and Political Mobilization in U. S. Industry", *American Journal of Political Science*, Vol. 44, No. 4, 2000.

Calhoun-Brown, Allison, "African American Churches and Political Mobilization: The Psychological Impact of Organizational Resources", *The Journal of Politics*, Vol. 58, No. 4, 1996.

Cheeseman, Nic and M. Hinfelaar, "Parties, Platforms, and Political Mobilization: The Zambian Presidential Election of 2008", *African Affairs*, Vol. 109, No. 434, 2010.

Cohen, Antonin, "Constitutionalism Without Constitution: Transnational Elites Between Political Mobilization and Legal Expertise in the Making of a Constitution for Europe (1940s – 1960s)", *Law & Social Inquiry*, Vol. 32, No. 1, 2007.

Dunning, Thad and J. Nilekani, "Ethnic Quotas and Political Mobilization: Caste, Parties, and Distribution in Indian Village Councils", *American Political Science Review*, Vol. 107, No. 1, 2013.

Karpf, David, "Online Political Mobilization from the Advocacy Group's Perspective: Looking Beyond Clicktivism", *Policy & Internet*, Vol. 2, No. 4, 2010.

Kenneth A. Gould, "The sweet smell of money: Economic dependency and local environmental political mobilization", *Society & Natural Resources*, Vol. 4, No. 2, 1991.

Krueger, Brian S., "A Comparison of Conventional and Internet Political Mobilization", *American Politics Research*, Vol. 34, No. 6, 2006.

Medrano, Juan Díez, "The Effects of Ethnic Segregation and Ethnic Competition on Political Mobilization in the Basque Country, 1988", *American Sociological Review*, Vol. 59, No. 6, 1994.

Pantoja, Adrian D. and G. M. Segura, "Citizens by Choice, Voters by Necessity: Patterns in Political Mobilization by Naturalized Latinos", *Political Research Quarterly*, Vol. 54, No. 4, 2001.

Sophia Moskalenko and Clark McCauley, "Measuring Political Mobilization: The Distinction Between Activism and Radicalism", *Terrorism & Political Violence*, Vol. 21, No. 2, 2009.

Šumit Ganguly, "Explaining the Kashmir Insurgency: Political Mobilization and Institutional Decay", *International Security*, Vol. 21, No. 2, 1996.

Victor Bekkers, et al., "New Media, Micromobilization, and Political Agenda Setting: Crossover Effects in Political Mobilization and Media Usage", *Information Society An International Journal*, Vol. 27, No. 4, 2011.

W. Lance Bennett, Christian Breunig and Terri Givens, "Communication and Political Mobilization: Digital Media and the Organization of Anti-Iraq War Demonstrations in the U. S.", *Political Communication*, Vol. 25, No. 3, 2008.

Zald, Mayer N., "The Rhetoric of Moral Protest: Public Campaigns, Celebrity Endorsement, and Political Mobilization by Christian Lahusen: The Rhetoric of Moral Protest: Public Campaigns, Celebrity Endorsement, and Political Mobilization", *American Journal of Sociology*, Vol. 103, No. 4, 1996.

后 记

　　学术研究的全部意义在于服务于自己的民族与国家。今年是中国共产党建党一百周年，中国共产党在嘉兴南湖的一叶红船上起航，百年后的今天，中国共产党已成长为拥有9000多万党员的大党。正如习近平总书记在《庆祝中国共产党成立100周年大会上的讲话》中指出："中华民族近代以来180多年的历史、中国共产党成立以来100年的历史、中华人民共和国成立以来70多年的历史都充分证明，没有中国共产党，就没有新中国，就没有中华民族伟大复兴。历史和人民选择了中国共产党。中国共产党领导是中国特色社会主义最本质的特征，是中国特色社会主义制度的最大优势，是党和国家的根本所在、命脉所在，是全国各族人民的利益所系、命运所系。"百年来，中国共产党带领中华民族崛起，擘画出法治中国建设的宏伟蓝图。躬逢盛世，能够在伟大的新时代讲好中国故事，阐释"中国共产党为什么能，马克思主义为什么行，中国特色社会主义为什么好"这一重大理论问题，是每一个法学与政治学研究者责无旁贷的使命。

　　本书将"法治中国建设"这一重大历史实践视为一个被中国共产党治国理政过程中"动员"的对象，探讨在此议题中，作为动员主导者的中国共产党如何健全领导全面依法治国的制度和工作机制，推进制度化、法治化建设，并由此而在法治中国建设过程中形成高度的认同聚合。围绕动员主导者自身凭借何种资源，与对象建立何种关系，依靠什么样的手段方式，设定何种目标，如何达成共识并获得动员对象的认同，最终实现两者之间的行动一致这一系列的基本问题，来解释法治中国建设动员与认同的内在机制。

本书系由笔者的博士学位论文修订而成的。2016年博士毕业后，笔者又数易其稿，增加了学术界关于动员理论的新观点、新材料，与此同时，着重论证"认同聚合"对于法治中国建设政治动员的重大意义。在修订的过程中，除了笔者的导师宋玉波教授外，付子堂、张永和、周祖成、王启梁、周尚君、孟庆涛等教授对博士学位论文的写作以及后续修订都给出了诸多有益的建议，在此一并致谢。本书的第二章"法治中国建设动员的主体权威"、第五章"法治中国建设的认同聚合"已经发表在《思想战线》《人民论坛》《甘肃社会科学》《重庆社会科学》，并随后被《中国社会科学文摘》、《高等学校文科学术文摘》、人大复印报刊资料《政治学》等转载。

回首十年的西南政法大学求学之路，人生中最美好的青春留在了歌乐山下、毓秀湖边，"心系天下，自强不息，和衷共济，严谨求实"的西南政法大学精神不仅塑造了我的学术生命，更如灯塔一样指明我的人生航线。博士学位论文的出版，并不意味着学生时代的结束，恰恰相反，它是我真正进入学术研究的开端。

赵子尧

2021年8月1日